الإدمان على المخدرات

الإرشاد والعلاج النفسي

الإدمان على المخدرات
الإرشاد والعلاج النفسي

تأليف
الدكتور محمد أحمد خدام المشاقبة
أستاذ الارشاد والتوجيه المساعد
كلية المعلمين في عرعر

2007

رقم الإيداع لدى دائرة المكتبة الوطنية
(2006/9/2659)

363.4
المشاقبة، محمد
الإدمان على المخدرات الإرشاد والعلاج النفسي/ محمد أحمد خدام الشاقبة.- عمان: دار الشروق-2006
(180) ص
ر.أ.: 2006/9/2659
الواصفات: المخدرات/ الخدمات الاجتماعية// المشاكل//الإرشاد النفسي

- تم إعداد بيانات الفهرسة الأولية من قبل دائرة المكتبة الوطنية

ISBN9957-00-285-6 (ردمك)
(رقم الإجازة المتسلسل)2006/9/3234

- الإدمان على المخدرات الإرشاد والعلاج النفسي.
- الدكتور محمد أحمد خدام المشاقبة.
- الطبعة العربية الأولى : الإصدار الأول 2007.

- جميع الحقوق محفوظة ©

دار الشروق للنشر والتوزيع
هاتف : 4624321/4618191/4618190 فاكس: 4610065
ص.ب: 926463 الرمز البريدي :11110 عمان - الأردن

دار الشروق للنشر والتوزيع
رام الـلـه : شارع مستشفى رام الـلـه- مقابل دائرة الطابو
هاتف 2975633-2991614-2975632 فاكس 02/2965319
غزة: الرمال الجنوبي قرب جامعة الأزهر هاتف 07/2847003

- الاخراج الداخلي وتصميم الغلاف وفرز الألوان والأفلام :
- دائرة الإنتاج/ دار الشروق للنشر والتوزيع .

هاتف :1/ 4618190 فاكس: 4610065 ص.ب: 926463 عمان (11110) الأردن
Email: shorokjo@nol.com.jo

قال تعـالى:

{يأيُها الَّذين آمنو إنما الخمر والميسر والأنصاب
والأزلم رجس من عمل الشيطن فاجتنبوه لعلكم
تفلحون (90) إنما يريد الشيطن أن يوقع بينكم
العدوة والبغضاء في الخمر والميسر ويصدكم عن
ذكر الـلـه وعن الصلوة فهل أنتم منتهون (91)}

91-90المائدة

صدق الـلـه العظيم

المحتويات

الفصل الخامس

العـــلاج

فهرس الجداول

فهرس الأشكال

المقدمة

لقد شهدت العقود الأخيرة في القرن العشرين تطورات كثيرة وسريعة في شتى ميادين الحياة، وتطورت مع ذلك الأساليب التي يعيشها الانسان، وازداد الاتصال بين دول العالم أجمع، وصاحب هذا التطور مشاكل عديدة ألحقت أضراراً بالأفراد والمجتمعات، ومن أهم هذه المشكلات تعاطي المخدرات والإدمان عليها، فازداد ظهورها في كل دول العالم قاطبة، إلا أنها برزت كمشكلة تؤرق المجتمع الأردني في عقد التسعينات، أي أنها تعتبر مشكلة حديثة نوعا ما في الأردن ولكنها أصبحت تأخذ أشكالا وأنماطا جديدة بحيث اصبح من الضروري الوقوف عندها، ودراستها والتعرف عليها وعلى أسبابها ودوافعها، وأساليب الوقاية منها وطرق علاجها.

ويهدف هذا الكتاب إلى تقديم هذه المشكلة للمعالجين والأخصائيين النفسيين والباحثين والمربين والمهتمين بمشكلة الإدمان، وإلى التعريف بدور الإرشاد النفسي والإرشاد الجمعي في العلاج النفسي للإدمان، وإضافة بعض المعلومات التي جمعت من مصادر متعددة للتعرف على مشكلة الإدمان وعلى أسبابها وطرق معالجتها والوقاية منها.

يتضمن هذا الكتاب ستة فصول، يتناول الفصل الأول مقدمة عامة عن المخدرات والإدمان، وتطور التعاطي، ويميز بين التعاطي والإدمان، ويبين مفاهيم الانسحاب والتحمل والاعتماد، ويتطرق إلى حجم انتشار المخدرات والإدمان مع التركيز على انتشارها في الأردن، ويشمل جزءاً عن المواضيع ذات العلاقة بالإدمان والمخدرات مثل مفهوم الذات والمهارات الاجتماعية والقلق والاكتئاب، ويتحدث هذا الفصل أيضا عن آثار الإدمان.

ويصنف الفصل الثاني المخدرات إلى أقسامها الرئيسية، من حيث مصدرها وطبيعتها، ومن ثم يصنفها من حيث تأثيرها على الفرد. ويتحدث الفصل الثالث عن النظريات المفسرة للإدمان وأسباب الإدمان، حيث يشرح وجهة نظر النظريات البيولوجية وتفسيرها للإدمان، ومن ثم النظريات النفسية، والنظريات الاجتماعية، والنظريات الفسيولوجية ومن ثم يبحث في الأسباب التي تؤدي إلى الإدمان.

ويبحث الفصل الرابع دور الأسرة في الوقاية من الإدمان، حيث يتطرق إلى أثر الإدمان على

أسرة المدمن، ودور الأسرة في الوقاية من الإدمان، ودور كل من الام والأب في الوقاية من الإدمان، ويتحدث هذا الفصل عن كيفية الاكتشاف المبكرللإدمان، ودور الأنشطة في الوقاية من الإدمان، وبرامج التدخل الوقائي، ويتحدث عن دور الأسرة في منع حدوث الانتكاسة، وعن برامج ورعاية المتعافين من الإدمان.

ويتحدث الفصل الخامس عن علاج الإدمان مع التركيز على دور الإرشاد النفسي في علاج هذه المشكلة، حيث يتحدث عن وسائل التأهيل وعن التخطيط للعلاج، وعن أهداف العلاج، ويتحدث عن مراحل العلاج وعن فعالية العلاج، ويركز على دور الإرشاد النفسي والإرشاد الجمعي في علاج الإدمان، ويتحدث عن المدمنين المجهولين.

وتناول الفصل السادس برنامج علاجي في الإرشاد الجمعي، يقدم هذا البرنامج للمدمنين في المرحلة الثانية من العلاج وهي مرحلة العلاج والتأهيل النفسي، ويتألف هذا البرنامج من اثنتي عشرة جلسة بمعدل (90) دقيقة للجلسة الواحدة، يساعد المدمنين في تكوين مفهوم ذات إيجابي وتطوير المهارات الاجتماعية التي تقوم عليها خطة العلاج النفسي ويحتاجها المدمن خلال العلاج وبعد الشفاء ليمارس فيها حياته اليومية العادية بدون عودة إلى المخدرات، وهذا البرنامج من إعداد وتصميم الكاتب.

واسأل اللـه العلي القدير أن أكون قد وفقت في تقديم هذا الموضوع للقارئ والباحث والمربي والمتخصص، وأرجو أن يكون في هذا الكتاب فائدة للقارئ في مجال المخدرات، والعلاج النفسي للإدمان على المخدرات.

و اللـه ولي التوفيق

المؤلف الدكتـــور
محمـد أحمد المشاقبة

الفصل الأوّل
المخدرات والإدمان

>الإدمان على المخدرات

>الإدمان

>المخدرات

>انتشار المخدرات

>مفهوم الذات والإدمان

>آثار الإدمان

الفصل الأوّل
المخدرات والإدمان

المقـــدمة

يعتبر تعاطي المخدرات وإساءة استعمالها على نحو غير مشروع من أهم واعقد المشاكل الاجتماعية والإنسانية لما لهذه المشكلة من انعكاسات سلبية على حياة الأفراد والمجتمعات. والأردن من الدول التي تزداد به حركة تهريب المخدرات نظرا لموقعه الجغرافي، وقد أدى هذا الوضع إلى تسرب المواد المخدرة للسوق المحلية، وبالتالي وصولها إلى المتعاطين والمدمنين وإلى الأشخاص المهيئين أصلا لدخول عالم المخدرات بحكم ظروفهم الاجتماعية أو الاقتصادية أو النفسية. وقد حرمت كافة الشرائع السماوية تعاطي المخدرات انطلاقا من الحفاظ على الضروريات الخمس (الدين والنفس والعرض والعقل والمال) وذلك للحفاظ على سلامة المجتمع الإنساني.

وهنالك جهود حثيثة من قبل الجهات الأمنية والصحية والقضائية والإعلامية للحد من تفاقم هذه الظاهرة، إلا أن المؤشرات والإحصائيات الصادرة عن إدارة مكافحة المخدرات (2003) أظهرت أن هنالك تزايداً مستمراً في أعداد المدمنين على اختلاف أعمارهم وأجناسهم خاصة فئة الشباب الذي تطور إدمانهم على أنواع مختلفة من أصناف المخدرات.

ويعتبر الشخص المدمن شخصاً مريضاً مثل المرضى الآخرين يحتاج إلى المساعدة والعلاج للتخلص من هذا الإدمان، والعلاج الدوائي والطبي الذي يمكن أن يعطى لهؤلاء الأفراد لا يتعدى المساعدة في معالجة الأمراض التي تظهر بسبب الإدمان في المرحلة الأولى من العلاج، وبالتالي فالعلاج الطبي هو علاج للأمراض المصاحبة أو التابعة للإدمان، وخصوصاً تلك الأدوية التي تستخدم في فترة الانسحاب، أما العلاج الحقيقي والفعلي للإدمان فهو يكمن في قناعة الفرد بترك المخدرات والابتعاد عنها، وتزويده بمجموعة من المهارات الاجتماعية اليومية، وزيادة ثقته بنفسه ليتمكن من ممارسة نشاطاته اليومية، وكل ذلك يتم عن طريق تقديم العلاج والدعم النفسي للمدمن من خلال بناء البرامج الإرشادية والنفسية والسلوكية التي يتلقاها المدمنون في المراكز العلاجية المعززة والمدعمة بالنشاطات والبرامج العلاجية الأخرى في المراكز العلاجية.

وتعاطي المخدرات موضوع ذو ماض وحاضر ومستقبل، أما الماضي فبعيد يصل إلى فجر الحياة

الاجتماعية والإنسانية، وأما الحاضر فمتسع يشمل العالم بأسره، وأما المستقبل فأبعاده متجددة وليست محددة. فما من مجتمع ترامت إلينا سيرته عبر القرون أو عبر مراحل التطور الحضاري المتعددة، إلا وجدنا بين سطور هذه السيرة ما ينبئ بشكل مباشر أو غير مباشر عن التعامل مع مادة أو مواد محدثة لتغييرات في الحالة النفسية بوجه عام، أو في الحالة العقلية بوجه خاص لدى المتعاطي، ويبدو ذلك واضحاً في تاريخ الصينيين والهنود والمصريين والفرس وقدماء اليونان وغيرهم من الأمم.

غير أن موضوع الإدمان على المخدرات برز على هيئة مشكلة عصيبة، تؤرق الكثير من المجتمعات الإنسانية وتحتل مكان الصدارة بين المشكلات الاجتماعية والصحية والإنسانية على الصعيد العالمي في وقت قريب منذ منتصف الستينات. وتبلور الاهتمام به في عدد من المجتمعات العربية بدءا من منتصف السبعينات، واستمر الاهتمام بها على الصعيد العالمي والعربي طوال الثمانينات ومع بداية التسعينات (سويف، 1996).

وأصبح تعاطي المخدرات والإدمان عليها المشكلة الرئيسة التي تواجه العديد من المجتمعات في الوقت الحاضر، وهي آفة تنتشر بين الشباب والشابات، الكبار والصغار، الفقراء والأغنياء. وما من دولة في العالم في وقتنا الحاضر تستطيع أن تكف أذى الإدمان عن أبنائها. ويترتب على هذه المشكلة تكاليف باهظة، منها تكاليف على الفرد نفسه وعلى أسرته وكذلك على خزينة الدولة وعلى مؤسسات الرعاية الصحية والنفسية والاجتماعية، وهذه المشكلة غالبا ما تبدأ عند الأفراد المتعاطين في فترة المراهقة (Merith, 2001).

وأضحى تعاطي المخدرات عند طلبة الجامعات والمعاهد مشكلة حقيقية، والتي تقود بالتالي إلى التطور إلى مرحلة الإدمان، وأصبحت هذه المشكلة واضحة المعالم تسيطر على المجتمعات، وتسهم في تدمير الأفراد والجماعات. وهناك دراسات عديدة أشارت إلى أن مشكلة الإدمان على المخدرات أخذت في السيطرة على المجتمعات الدولية في الستينات مرورا بالثمانينات لتظهر بشكل واضح في التسعينات (Jelley, 2002)

ولا نستطيع أن نجزم بان أي مجتمع من مجتمعات العالم سيكون في مأمن من مشكلة الإدمان على المخدرات، فالدول التي كانت في يوم من الأيام معافاة من مشكلة الإدمان، أصبحت اليوم سوقاً رائجةً للمواد الكحولية والمخدرات والمؤثرات العقلية الأخرى، ولا يخفى على أحد أن خطر الإدمان على الكحول والمخدرات والمؤثرات العقلية أصبح اليوم يهدد أمن وسلامة العديد من دول العالم، ويعرضها للخطر بضياع عدد كبير من شبابها وشاباتها الذين غالباً ما تنتهي رحلتهم مع الإدمان إلى المرض، أو التشرد، أو الوهن والموت.

ومما يؤسف له حقاً أن العديد من شبابنا العربي والإسلامي أصبحوا يسقطون في هاوية الإدمان وإن عصابة (مافيا) المخدرات نجحت في عالمنا العربي والإسلامي في الترويج للكحول والمخدرات والمؤثرات العقلية، كما نجحت في الوصول إلى الشباب والشابات، الكبار والصغار، وطلبة المدارس والجامعات، كما نجحت في ترويج شائعات ودعايات مغرضة، حول تأثير الخمر والحشيش والمخدرات والمؤثرات العقلية على إحداث الراحة والاسترخاء والنشوة، وزيادة القدرة الجسمية والقدرة الجنسية وما شابه ذلك. والصحيح علميا أن هذه المواد الضارة والخطرة أفسدت حياة الإنسان وقضت على أثمن ما يملكه من سلامة العقل، وقوة الأبدان، كما قضت على الأخلاق والقيم الدينية، وعلى المال والنسل، وكذلك استهلكت طاقات الشباب وقدراتهم وأموالهم وأوقاتهم، وهدمت أسرهم ومستقبلهم، ووقفت عائقا في وجه تطور ونهضة الأمم وتنمية قدراتها ومواردها (الزراد و أبو مغيصيب، 2001).

تطور التعاطي

تبدأ المراحل الأولى لتعاطي المخدرات عموما في سن المراهقة، ثم تتقدم بعد ذلك، ويبدأ تعاطي المخدرات بتعاطي الكحول والتوباكو، ثم يتطور الأمر بعد ذلك إلى تعاطي الماريجوانا وما شابهها ومن ثم تعاطي المنشطات والأفيونات والمهلوسات والمخدرات الأخرى، وهذا ليس غريبا لأن التعاطي يبدأ بالمواد المنتشرة أكثر، والكحول هي الأكثر انتشاراً من بين المخدرات الأخرى ثم يليها من حيث الانتشار التوباكو ومن ثم الماريجوانا. و تعتبر الكحول والتوباكو والماريجوانا المخدرات والمواد الأولى التي يساء استخدامها وتعتبر المدخل أو البوابة للتعاطي، كما أن احتمالية زيادة تعاطي المخدرات تتضاعف في حال وجود مخدرات مدخلية (كحول، توباكو، ماريجوانا). وعلى أية حال فإن تعاطي واحدة أو أكثر من المخدرات المدخلية لا يؤدي بالضرورة إلى تعاطي مخدرات أخرى أو زيادة في تعاطي المخدرات (Peters& McMahon,1996).

ويكون التعاطي في المراحل الأولى بكميات قليلة وغير منتظم، ومحدد بنوع واحد من أنواع المخدرات المدخلية، أي تعاطياً أحادياً (Single Substance) (عادة التدخين أو الكحول) وغالباً ما يتم التعاطي في مواقف اجتماعية معينة، وبعد أن يندمج الشخص بالتعاطي يبدأ بزيادة كمية المخدر، وزيادة عدد مرات التعاطي، ثم يصبح التعاطي منتظماً، ويبدأ يتطور الفرد من تعاطي أحادى إلى تعاطي مركب Multiple Substance ومن ثم إلى تعاطي مفرط (Polydrug Use) والذي يقود إلى الإدمان (Peters & McMahon,1996).

والتعاطي العرضي أو التجريبي لا يؤدي بالضرورة إلى تعاطي مفرط، أما التعاطي الأحادي

والمتكرر يمكن أن يؤثر على العلاقات والوظائف والنمو النفسي. وعلاوة على ذلك فإن تجريب المخدرات في المراحل المبكرة (مرحلة الشباب أقل من 15 سنة) يزيد من مخاطر مشكلة المخدرات في الأوقات اللاحقة من العمر، والبرامج الوقائية والعلاجية الفعالة التي يتم تطويرها من قبل المتخصصين يجب أن تأخذ بعين الاعتبار وتهتم بتعاطي التوباكو والكحول والماريجوانا، ويجب الاهتمام بهذه الأنواع لأنها تعتبر المدخل و البوابة لتعاطي باقي أنواع المخدرات (Peters & McMahon,1996).

الإدمان على المخدرات وتعاطيها

هنالك مصطلحان في الإدمان (Addiction) على المخدرات وتعاطيها، وهما مصطلح التعاطي(Substance Use)، ومصطلح الإدمان (Addiction)، فالتعاطي هو اخذ المادة المخدرة بطريقة غير منتظمة وغير دورية، حيث يأخذ المتعاطي المادة المخدرة بالصدفة، أو للتسلية أو لتقليد أصدقائه، ولكن غيابها لا يسبب له أية مشاكل نفسية، أو جسدية، وهو هنا يتعاطاها في أوقات مختلفة وأماكن مختلفة. أما الإدمان ينتج عن تكرار التعاطي، و يؤدي التعاطي المتكرر حتما إلى الإدمان، وفي هذه الحالة يصبح لدى المدمن اعتماد تام على المادة المخدرة ولا يستطيع الاستغناء عنها إطلاقاً، ويصبح يتعاطاها في أوقات دورية ولا يمكنه التخلي عنها.

التعاطي

التعاطي(Substance Use) هو التناول غير المشروع للمخدرات بطريقة غير منتظمة وغير دورية ويتعاطاها الأفراد من أجل إحداث تغيير في المزاج أو في الحالة العقلية ولكنه لا يصل إلى حد الاعتماد التام عليها (Rasmussen, 2000).

ويعرف الدليل التشخيصي للاضطرابات النفسية (DSM-IV) التعاطي (Substance Abuse) بحدوث سوء تكيف ناتج عن تعاطي المخدرات يقود إلى تشويش إكلينيكي يظهر من خلال واحدة أو أكثر من المعايير التالية لمدة اثني عشر شهرا متتالية وهذه المعايير هي:

1- الفشل في الإنجاز في العمل أو المدرسة بسبب تعاطي المخدرات .

2- التعاطي في بعض المواقف الاجتماعية أو بالصدفة .

3- دخول السجن أو الاعتقال بسبب تعاطي المخدرات.

4- حدوث مشاكل عائلية أو شخصية بسبب تعاطي المخدرات، والتعاطي لا يصل إلى مستوى الإدمان في الاعتماد على المخدر.

الإدمان

ويتصف الإدمان بقدرته على إحداث رغبة قوية وملحة لا يمكن قهرها، أو مقاومتها للاستمرار في تعاطي المخدر والسعي الجاد والمستمر في الحصول عليه بأية وسيلة ممكنة. وإذا وصل الأمر إلى هذه الحالة فإنها تسمى الإدمان (Addiction)، وقديما كان يطلق على الإدمان مصطلح الإدمان (Addiction). ولكن في عام (1964) استبدلت منظمة الصحة العالمية مصطلح الإدمان بمصطلح الاعتماد (Dependence)، واتخذ المصطلح الجديد خصائص المصطلح القديم. وهناك مصطلحات كثيرة تستخدم في هذا الميدان، ومن هذه المصطلحات مصطلح عادة (Habit)، ومصطلح استخدام (Use)، ومصطلح إساءة استخدام-تعاطي-(Abuse)، ومصطلح الاعتمادية (Dependency)، بالإضافة إلى مصطلح الإدمان (Addiction)، وهناك من يستخدم مصطلح مخمور (Inebriate) يشير به إلى الشخص المدمن (Rasmussen, 2000).

تعريف الإدمان

يعرف الإدمان (Addiction) بأنه النتيجة الحتمية والنهائية للتعاطي المستمر للمخدرات، وينشأ بسبب التعاطي المتكرر والمستمر للمخدر الطبيعي أو الصناعي **(Rasmussen, 2000)**.

ويوجد عدة تعريفات للإدمان، ومنها التعريف الذي تتبناه منظمة التصنيف العالمي للأمراض (International Statistical Classification Of Diseases WHO 1992)، وتتبنى هذه المنظمة تعريف منظمة الصحة العالمية للإدمان والتي تعرفه بأنه " مجموعة من الظواهر النفسية، والمعرفية، والسلوكية التي تتطور بعد تكرار تعاطي المخدرات، وتتضمن رغبة قوية في الحصول على المخدر، وهنا يواجه الفرد صعوبة في السيطرة على التعاطي، ويصر على الاستمرار في التعاطي بالرغم من الأذى المتواصل ويعطي الأولوية لتعاطي المخدر أكثر من أي نشاط آخر، وأكثر من التزاماته الشخصية، ويصبح هناك زيادة ي التحمل (Robertson,1998).

وهناك تعريف آخر هو تعريف دليل تصنيف الأمراض النفسية الأمريكي (Diagnostic And Statistical Manual of Mental Disorders DSM-IV 1994) حيث يميز بين التعاطي (Substance Abuse) وبين الإدمان (Substance Dependence) أما بالنسبة لمعايير التشخيص التي يتبناها (DSM-IV) في تعريف الإدمان فهو وجود ثلاثة أو أكثر من المعايير السبعة التالية، والتي يجب أن تحدث معا لمدة اثني عشر شهرا متتالية، حتى يعتبر الشخص مدمناً على المخدرات، وهذه المعايير هي:

1- التحمل (Tolerance) ويعرف من خلال:

- حاجة الفرد إلى زيادة واضحة في الكمية المأخوذه من المخدر، حتى يحصل على نفس التأثير المرغوب، الذي كان يحصل عليه سابقا .

- يصبح هناك ضعف واضح في التأثير عند استخدام نفس الكمية من المخدر.

2- الانسحاب (Withdrawal)، وأعراض الانسحاب تظهر عند سحب المادة المخدرة من الجسم، ويبدأ الانسحاب بالظهور عندما يبدأ المدمن باستخدام نفس المخدر للتخلص من أعراض الانسحاب وهي الأعراض التي تظهر على المدمن نتيجة تركه للمخدر.

3- أخذ المخدرات بكميات أكبر، أو لمرات أكثر مما كانت عليه في البداية .

4- استمرار الرغبة، أو عدم النجاح في السيطرة على تعاطي المخدر .

5- يقضي معظم الوقت منهك القوى في النشاطات الضرورية للحصول على المخدر أو تعاطيه ليتخلص من هذا التأثير (الشعور بالإنهاك) .

6- يتخلى عن النشاطات الاجتماعية والمهنية بسبب تعاطي المخدرات .

7- يستمر في تعاطي المخدرات بالرغم من معرفته بأنها تسبب مشاكل نفسية وجسدية .

ويعرف الإدمان أيضا بأنه التعاطي المتكرر لمادة، أو لمواد محدثة، لدرجة أن المتعاطي (ويقال المدمن) يكشف عن انشغال شديد بالتعاطي، كما يكشف عن عجز أو رفض للانقطاع، أو لتعديل تعاطيه، وكثيراً ما تظهر عليه أعراض الانسحاب، إذا ما انقطع عن التعاطي، وتصبح حياة المدمن تحت سيطرة التعاطي إلى درجة تصل إلى استبعاد أي نشاط آخر (سويف، 1996).

المخـــدرات

كل مادة طبيعية أو مستحضرة في المصانع، من شأنها إذا استخدمت في غير الأغراض الطبية أن تؤدي إلى حالة من التعود أو الإدمان الذي يضر بالصحة الجسمية والنفسية للفرد والمجتمع (الزراد وأبو مغيصيب، 2001).

وتعرف أيضا بأنها مواد طبيعية وكيماوية تسبب اختلالا في الوعي وتسمما في الجهاز العصبي مثل الحشيش والهيروين. و الكوكائين..والأفيون. والبانجو والقات والمهدئات. التحمل (Tolerance)

التحمل هو النقص الواضح في تأثير المخدر على الجسم والناتج عن تكرار تعاطي المادة المخدرة،

من المعروف علمياً أن الجسم يقوم بتحطيم وطرح كل ما يدخله من عقاقير أو مواد، وتختلف قدرة الجسم على ذلك من شخص إلى آخر، ولدى تكرار الفرد لتناول العقار فان قدرة الجسم على طرحه تزداد بسبب النشاط الزائد للأنزيمات المحطمة لهذا العقار في الكبد، مما يتطلب زيادة الكمية المأخوذة من العقار في المرات اللاحقة، وذلك للاستمرار في الحصول على نفس التأثير الذي يحدث في المرات السابقة، وإذا استمر الفرد بتناول العقار بنفس الكميات السابقة، فان خلايا الجهاز العصبي تعتاد عليه، ولا تتأثر به كالسابق، وبالتالي تحتاج هذه الخلايا إلى كمية اكبر من نفس العقار للحصول على التأثير السابق (الزراد وأبو مغيصيب، 2001).

الانسحاب (Withdrawal symptoms)

أعراض الانسحاب تظهر عند سحب المادة المخدرة من الجسم، وتبدأ أعراض الانسحاب بالظهور عندما يبدأ المدمن باستخدام نفس المخدر للتخلص من أعراض الانسحاب وهي الأعراض التي تظهر على المدمن نتيجة تركه للمخدر.

الاعتماد على العقار

ويمكن تصنيف الإدمان من حيث الاعتماد عليه إلى نوعين: النوع الأول: هو الاعتماد النفسي والنوع الثاني: هو الاعتماد الجسدي .

الاعتماد النفسي: (Psychological Dependence)

ويتعلق بالمشاعر والأحاسيس، ولا علاقة له بالجسد، ويعني تعود الفرد على تناول عقار ما لما يسببه هذا العقار من الشعور بالارتياح والإشباع للحاجات النفسية، والفكرية، والعاطفية، حيث يشعر الفرد بأن تعاطي العقار سيجعله أحسن حالا، لأنه يضعف مشاعر القلق والتوتر أو الرهبة لديه، وباختصار فإن الفرد يتعاطى العقار من أجل الإبقاء على الراحة النفسية، ويصبح هذا العقار ضروريا للفرد لأنه يولد لديه خبرة إن هذا العقار سيؤدي إلى التخلص من الخوف والتوتر والقلق، كما سيؤدي إلى الراحة النفسية، وإن الانقطاع المفاجئ عن هذا العقار سيؤدي إلى عدم الراحة النفسية.

ويوجد لدى المتعاطي رغبة قوية في تكرار الجرعة وزيادتها بانتظام، ولكن هذا الاعتماد لا يؤدي إلى آثار جسدية بالغة عند التوقف عن العقار فجأة، مثل الإسهال والقيء الذي يحدث عند التوقف عن الأفيون أو مشتقاته، أو الصرع الذي ينتج عند التوقف عن الباربيتورات أو الكحول للمدمنين عليها.

والمواد المسببة للاعتماد النفسي كثيرة، وأخفها (الكافيين) الموجود في القهوة والشاي، تليها مادة (القاتين) الموجودة في القات، الذي يشبه في تأثيره مادة الامفيتامين ولكن بدرجة اقل، يلي ذلك مادة (تتراهيدروكانيبول) الموجودة في الحشيش ثم بعد ذلك (النيكوتين) الموجود في التبغ، والإدمان على النيكوتين هو أوسع المواد المسببة للاعتماد انتشارا في العالم، واشد المواد المسببة للاعتماد النفسي هو (الكوكايين) الذي يستخرج من نبات الكوكا (البار،**2001**).

الاعتماد الجسدي : (**Physical Dependence**)

هو حالة تصبح فيها المادة المخدرة ضرورية لاستمرار وظائف الجسم بشكل عادي، وبحيث يصبح منع هذه المادة عن الجسم مضرا بالجسم وبالوظائف الحيوية، ويعرض الفرد المدمن إلى أعراض ومخاطر كبيرة قد تدفعه إلى ارتكاب جريمة للحصول على العقار المنشود أو ربما يسبب له الموت المفاجئ.

ويعتبر اشد خطورة من الاعتماد النفسي، إذ أن التوقف المفاجئ عن تعاطي المخدر المسبب للاعتماد الجسدي يؤدي إلى علامات سحب العقار والتي قد تؤدي إلى الوفاة، وهو اخطر ما يكون في الهيروين الذي تكفي منه ثلاث حقن متتالية لإحداث الإدمان، يليه المورفين الذي يعتبر أهم مكونات الأفيون.

وعندما يتوقف مدمن الأفيون أو مشتقاته مثل الهيروين والمورفين لعدة ساعات عن تعاطي هذه المواد تظهر عليه أعراض سحب العقار التي تبدأ بالتثاؤب الشديد، وسيلان اللعاب في الفم، وانسكاب الدموع، وانسياب الإفرازات من الأنف، مع إسهال شديد متكرر، وقيء لا يتوقف، وآلام في الساقين، وقد يؤدي ترك الأفيون إلى الموت، ويكون ذلك اكثر في المورفين والهيروين، حيث أن المورفين أقوى بعشر مرات من الأفيون، والهيروين أقوى من الأفيون بثلاثين إلى أربعين مرة.

ويؤدي سحب عقار (الكحول والباربيتيورات) للمدمن عليها إلى أعراض اشد من أعراض الأفيون ومشتقاته، إذ تصل الوفيات إذا لم تعالج إلى (25%) من الحالات، وتحدث نوبات صرع شديدة، وارتفاع في درجة الحرارة، مع هلوسات سمعية وبصرية واعتقادات زائفة ثم فقدان الوعي، لكن آثار سحب الكحول والباربيتيورات لا تحدث الا بعد فترة طويلة من الإدمان، على عكس ما يحدث في الهيروين والمورفين، حيث تظهر آثار سحب العقار بعد فترة وجيزة من الاستعمال (البار، **2001**).

ويبين الجدول رقم (1) فاعلية الاعتماد الجسدي والنفسي للمواد المخدرة، ووسيلة التعاطي وأثر زيادة الجرعة، والفاعلية الشاملة لزيادة الاستخدام للمواد المخدرة (الزراد و أبو مغيصيب، **2000**).

الجدول (1)

فاعلية الإدمان الجسدي والنفسي ووسيلة التعاطي وأثر زيادة الجرعة والفاعلية الشاملة لزيادة الاستخدام للمواد المخدرة

اسم العقار	وسيلة التعاطي	زيادة الجرعة	فاعلية الإدمان		الفاعلية الشاملة لفرط الاستعمال
			الجسدي	النفسي	
الكحول	شراب	نعم	نعم	مرتفع	مرتفع
الكافيين	شراب	نعم	لا	معتدل	أدنى حد
النيكوتين	تدخين	نعم	لا	مرتفع	مرتفع
الكوكائين	استنشاق	نعم	لا	مرتفع	مرتفع
المهدئات	حبوب أو حقن	نعم	نعم	مرتفع	أدمى من
الحشيش	في الوريد				المعتدل
	تدخين				
الافيون	تدخين حقن أو	لا	لا	معتدل	أدنى من
والمورفيم	استنشاق	نعم	نعم	مرتفع	المعتدل المرتفع
المهلوسات	حبوب، شراب،		لا		
مضادات	تدخين	نعم	نعم	مرتفع	معتدل
	حبوب أو				
	كبسول	لا	لا	لا	أدنى حد

المصدر : (غباري، **1999**)

انتشار المخدرات

لا توجد إحصائيات دقيقة لعدد المدمنين على المخدرات في أي دولة في العالم، مهما كانت درجة تقدم تلك الدولة، وذلك بسبب الطبيعة الاجتماعية والجنائية لتعاطي المخدرات أو الاتجار بها، ومعظم المعلومات الإحصائية ترد حول المخدرات التي تم ضبطها، وعدد القضايا المتعلقة بذلك. وتشير الدراسات والإحصاءات الواردة من الشرطة الجنائية الدولية (الانتربول)، وأجهزة هيئة الأمم المتحدة التي تقوم بمكافحة المخدرات إلى أن كمية المخدرات التي تضبط في العالم، تعادل (5-10%) فقط من كمية المخدرات المستهلكة . ويبين الجدول رقم (2) كمية المخدرات المضبوطة أو المصادرة في العالم (الزراد وأبو مغيصيب **2001**).

الجدول (2)

كمية المواد المخدرة المضبوطة في العالم

العقار	1983 (طن)	1984 (طن)	1985 (طن)	1990 (طن)	1995 (طن)
الحشيش	12000	26000	7000	12800	11650
الهيروين	12	11	14	18	24
الكوكائين	41	59	56	77	69
الأفيون	83	89	16	44	51

المصدر : الزراد و أبو مغيصيب (2001)

وأصبحت مشكلة المخدرات تهدد العالم بأكمله، وما من مجتمع من المجتمعات يستطيع أن يعيش آمنا بعيدا عن انتشارها فيه، وأصبحت تهدد البشرية جمعاء. فعلى سبيل المثال بينت الدراسات أنه في بريطانيا ما يقارب (30%) من المراهقين البريطانيين يتعاطون المخدرات غير المشروعة مثل البنزودزبين (benzodiazepines) و الباربتيورات التي أصبحت أكثر انتشاراً، والحشيش الذي يعتبر الأكثر تعاطيا في بريطانيا وما يقرب من مائة ألف من البريطانيين يتعاطون الهيروين، في حين أن الأعداد تتزايد باستمرار، والعدد الأكبر من المدمنين وجد في لندن والشمال الغربي لإنجلترا ويبين الشكل رقم(1) أعداد المتعاطين في بريطانيا للأعوام (1982-1992) (Davies & Craig ,1998) .

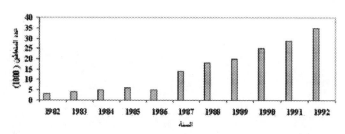

1982

الشكل (1) أعداد المتعاطين في بريطانيا (المصدر: Davies & Craig ,1998)

وأشارت دراسة جيلي (Jelley, 2002) إلى أن ما نسبته (20-25%) من طلبة الجامعات يعتبرون من المصنفين ضمن مشكلة تعاطي المخدرات، كما أن تعاطي طلبة وطالبات الجامعات الأمريكية للماريجوانا (Marijuana) وهي إحدى أنواع المخدرات ازداد في عقد السبعينات، وازداد في الوقت نفسه أيضا التعاطي للكوكائين (Cocaine). أما فيما يتعلق بتعاطي الأمفيتامينات(Amphetamines) فقد كانت الزيادة في التعاطي مماثلة. ووجد الباحثون أن ما نسبته (11.7%) من طلبة الجامعات الأمريكية يتعاطون الماريجوانا (Marijuana) و (4.4%) من الطلبة يتعاطون الداي اثيل حمض اللسيرجل (LSD) و (4.7%) يتعاطون الحبوب المخدرة (Psychedelic Drug) و (0.1%) من الطلبة يتعاطون الأمفيتامينات (Amphetamines) و(3.2%) من طلبة الجامعات يتعاطون مادة الأفيونات (Opiates)و(1.9%) من الطلبة يتعاطون المهدئات(Tranquilizers) و (1.9%) من الطلبة يتعاطون الكوكائين (Cocaine)و (1.3%) من الطلبة يتعاطون الباربتيورات (Barbiturates) الذي يستخدم كمسكن أو منوم، و (0.4%) من طلبة الجامعات يتعاطون نوعاً من أنواع المهبطات الذي يدعى الكراك (Crack) و(0.1%) من طلبة الجامعات يتعاطون الهيروين (Heroin).

وتشير الإحصائيات الواردة عن المكتب العربي لشؤون المخدرات، إلى انتشار الحشيش والأفيون في مصر منذ عام (1930)، وتدفقت كميات كبيرة من الهيروين في عام (1980) على العالم العربي مصر والمغرب، وتم ضبط (123) كغم من الهيروين في مصر عام (1985)، وفي المغرب انتشر الحشيش وانتشر الكوكايين في عام (1977) . ويشير المكتب العربي لشؤون المخدرات انه تم ضبط حوالي (96918) قضية مخدرات في العالم العربي ما بين (1988-1990) وبلغ عدد المتهمين (129228) متهماً وكانت الكميات المضبوطة في العالم العربي على النحو التالي (الزراد وأبو مغيصيب، 2001):

- حشيش: (736840) كغم.

- زيت الحشيش: (58) كغم.

- الأفيون: (388) كغم.

- الهيروين: (1222) كغم.

- الكوكائين: (15) كغم.

- مؤثرات عقلية : (3109714) قرصاً.

وكانت الكميات المضبوطة في العالم العربي بين عامي (1994-1996) حسب ما جاء في المؤتمر العربي الحادي عشر لمكافحة المخدرات ما يلي:

- حشيش: (208000) كغم.

- الأفيون: (1280) كغم.

- الهيروين: (1586) كغم.

- الكوكائين: (407) كغم.

- مليون حبة من الكبتاجون المخدر.

أما على الصعيد المحلي فالأردن شأنه شأن باقي دول العالم تزايدت فيه مشكلة تعاطي المخدرات والإدمان عليها في السنوات الأخيرة، وتحديدا في النصف الثاني من عقد التسعينات، فقد بدأت المشكلة تأخذ اتجاهات أبعد وأخطر وتزايد حجم المشكلة بكافة جوانبها، ولتوضيح ذلك يبين الجدول رقم (3) حجم المخدرات المضبوطة في الأردن في الأعوام من (1991-1996) ويبين الجدول رقم (4) تزايد حجم المخدرات المضبوطة في الأردن في الأعوام من (1997-2002).

الجدول (3)

حجم المخدرات المضبوطة في الأردن في الأعوام من (1991 – 1996)

حبوب مخدرة	كوكائين / كغم	أفيون / كغم	هيروين / كغم	حشيش / كغم	عدد الأشخاص المتورطين		عدد القضايا المضبوطة	السنة
					غير أردني	أردني		
764959	0.01	2.025	19.8	5210	178	282	187	1991
33553	0.002	0.7	10.5	3047	108	288	163	1992
364373	000	10.02	6.6	4332	88	434	214	1993
66115	0.007	000	9.1	1726	82	542	277	1994
1.682963	0.016	0.081	10.6	3261	97	638	351	1995
12.596086	0.100	43.04	67.3	1349	100	556	326	1996

المصدر : إدارة مكافحة المخدرات (2003)

الجدول (4)

حجم المخدرات المضبوطة في الأردن في الأعوام من (1997 - 2002)

السنة	عدد القضايا المضبوطة	عدد الأشخاص المتورطين		حشيش / كغم	هيروين / كغم	أفيون / كغم	كوكائين / كغم	حبوب مخدرة
		أردني	غير أردني					
1997	492	701	102	894.4	82.4	22.6	0.237	2.804237
1998	54	482	59	166.7	52.4	000	0.94	275362
1999	575	1014	125	112.4	41.3	61.7	1.91	515438
2000	851	1333	145	298.4	127.7	41.15	0.803	5.829090
2001	1343	1929	200	780.5	35.5	0.33	0.506	1.404672
2002	1283	1589	286	86.5	14.6	19.3	0.188	142257

المصدر : إدارة مكافحة المخدرات (2003)

فقد بلغ عدد القضايا للسنوات من عام (1991) ولغاية عام(1996) (1518) قضية، فيما بلغت للسنوات الست اللاحقة وهي من عام (1997) ولغاية عام (2002) ما مجموعه (5048) قضية، أي أن الأمر تضاعف بنسبة تفوق (300%). وهذا مؤشر خطير على عظمة التزايد . وتبعا للتزايد الحاصل في أعداد القضايا المضبوطة فقد تزايد عدد الأشخاص المضبوطين في تلك القضايا، حيث كان في الحقبة الزمنية الأولى (2760) أردنيا و(653) من جنسيات أخرى، ليبلغ العدد في الحقبة الثانية (7408) أردني و (917) من الجنسيات الأخرى، وهذه الزيادة تقارب (300%) . ونتيجة لازدياد عدد القضايا وعدد الأشخاص المتورطين في تلك القضايا فإنه من الطبيعي أن تزداد أعداد المتعاطين والمدمنين على المخدرات في الأردن، ويبين الشكل رقم(2) عدد الأشخاص المتعاطين خلال السنوات (1998-2002)، كما يبين الشكل رقم (3) عدد الأشخاص المتعاطين خلال السنوات (1998-2002) حسب نوع المادة المخدرة (إدارة مكافحة المخدرات، 2003).

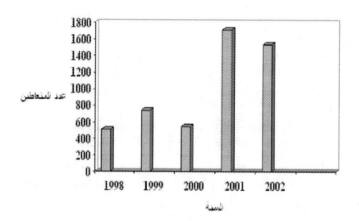

الشكل (2) عدد الأشخاص المتعاطين في الأردن (المصدر: إدارة مكافحة المخدرات، 2003)

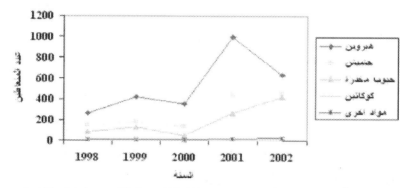

الشكل (3) عدد الأشخاص المتعاطين حسب توع المادة المخدرة (المصدر: إدارة مكافحة المخدرات، 2003)

وحيال تلك الأعداد من المتعاطين والمدمنين في السنوات الأخيرة، فقد تولدت فكرة الاهتمام بمعالجة هؤلاء المدمنين، باعتبار أن المدمن شخص مريض والسماح له بالعلاج بدلا من اعتباره متهما وتعريضه للعقاب، وعليه فقد بوشر بإنشاء مركز لعلاج المدمنين تابع لإدارة مكافحة المخدرات / مديرية الأمن العام، وبوشر بإنشاء المركز في عام (1993) وتم افتتاحه رسميا في شهر كانون الثاني عام (1994) في عمان وباشر باستقبال الحالات في آذار من العام نفسه. وقد اعتبرت فكرة إنشاء مركز لعلاج المدمنين فكرة رائدة على المستوى الدولي ويبين الشكل رقم (4) أعداد الأشخاص الذين تقدموا للعلاج في المركز منذ عام (1994)، ويبين الشكل رقم (5) أعداد الأشخاص المدمنين الذين عولجوا في المركز حسب نوع المادة .

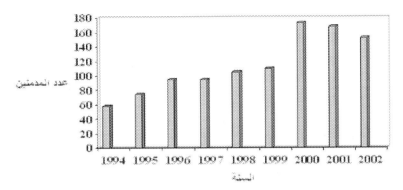

الشكل (4) أعداد الأشخاص المتقدمين للعلاج (المصدر: إدارة مكافحة المخدرات، 2003)

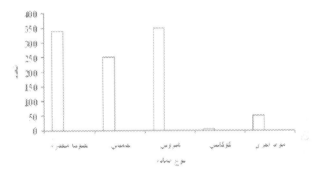

الشكل (5) أعداد الأشخاص المتقدمين للعلاج حسب نوع المادة (المصدر: إدارة مكافحة المخدرات، 2003).

وتبلغ سعة مركز معالجة المدمنين التابع لإدارة مكافحة المخدرات (18) سريرا ويتم العلاج فيه تحت إشراف طبي ونفسي من وزارة الصحة، حيث يتلقى المدمن في هذا المركز علاجا بدنيا ونفسيا واجتماعيا، ويتلقى فيه برامج التوعية الدينية والاجتماعية من خلال المحاضرات التي يلقيها متخصصون في تلك المجالات لما لها من أثر في علاج المدمنين. وفي مطلع عام (2001) تم افتتاح "المركز الوطني لتأهيل المدمنين " التابع لوزارة الصحة والذي تبلغ سعته (60) سريرا ويتم العلاج فيه بنفس الأسلوب السابق من حيث التثقيف الديني والاجتماعي، إلا أن المركز الثاني مزود بكافة الإمكانيات والخبرات التي تحتاجها مثل تلك المراكز (إدارة مكافحة المخدرات، 2003) .

مفهوم الذات وعلاقته بالإدمان

وجدت الأبحاث والدراسات أن هناك علاقة قوية بين سلوك التعاطي والإدمان و مفهوم الذات وكلما تدنى مفهوم الفرد عن ذاته كانت احتمالية التعاطي وبالتالي الإدمان أكبر Debra & Molly, 1993, Kinnier&Metha&Okey,1994, Donna & Michael,1993 & Cranvold , 1994, Naimah,2001, Douglas& Jose,1992

ويؤكد ديبرا ومولي **(Debra & Molly,1993)** على أن هنالك علاقة قوية بين مفهومالذات وبين سلوك تعاطي المخدرات، فقد أشارا إلى أن العديد من الدراسات بحثت في هذه العلاقة وخلصت نتائجها إلى أن تدني مفهوم الذات من أهم أسباب تعاطي المخدرات، والدليل على ذلك انه أصبحت واحدة من معتقدات الصحة النفسية أن مفهوم الذات مرتبط بتعاطي المخدرات، وأصبح رفع مستوى مفهوم الذات عند الأفراد هدف مهم للعديد من البرامج العلاجية للمخدرات. كما يؤكد نايمه**(Naimah, 2001)** على أن مفهوم الذات يلعب دوراً مهماً وأساسياً في سلوك الإدمان على المخدرات، وكلما انخفض مستوى مفهوم الذات ارتفع سلوك الإدمان عند الأفراد.

ويشير كرانفولد **(Granvold, 1994)** إلى أن مفهوم الذات والدعم الاجتماعي هو خط الدفاع الأول ضد ضغوطات الحياة التي تؤثر على الصحة النفسية، وهذان المفهومان لهما علاقة مباشرة بمشكلات كثيرة تواجه المتخصصين ومنها مشكلات تعاطي المخدرات والإدمان عليها.

ويؤكد دوجلاس وجوسيه **(Douglas & Jose , 1992)** على العلاقة التي تربط بين مفهوم الذات وسلوك تعاطي المخدرات وذلك من خلال الدراسة التي اجرياها على عينة مكونة من (30) فرداً تراوحت أعمارهم بين (16- 43) سنة، وذلك باستخدام استبانة مفهوم الذات ومقياس تعاطي المخدرات، وأظهرت نتيجة الدراسة وجود علاقة قوية بين مفهوم الذات والتعاطي فكلما ارتفع مفهوم الذات انخفض مستوى التعاطي.

ويؤكد كثير من الباحثين على أهمية رفع مستوى مفهوم الذات كجزء من البرامج الإرشادية والعلاجية لمدمني المخدرات، ويمكن تعريف مفهوم الذات (Self -Concept) بأنه : "نظام من البناء المعرفي والعاطفي حول الذات يقود إلى الاندماج و التماسك مع خبرات التفكير والتأمل الذاتي للأفراد " Self -Reflective، ويعبر مفهوم الذات عن الاختلافات بين الأفراد عن بعضهم البعض، ويكون مفهوم الذات موضوع هام يستحق الاهتمام لإحداث التغيرات الشخصية المرغوبة **(Jennifer & David ,1997)**.

وفي دراسة قامت بها دونا وميشيل**(Donna&Michael,1993)** هدفت الدراسة إلى التعرف

على العلاقة بين أبعاد مفهوم الذات وتعاطي الكحول والمخدرات عند المراهقين، وتكونت عينة الدراسة من طلبة المدارس الحكومية في ولاية فرجينيا في الولايات المتحدة الأمريكية من (1050) طالبا: (52)% ذكوراً (48%) إناثاً (62%) من البيض (36%) من السود، (2%) آخرين، استخدمت هذه الدراسة منهج دراسة الحالة واستخدمت أداة نمط الحياة للشباب لـتوبرمان تتضمن هذه الأداة (158) سؤالاً مسحياً استخدمت للتعرف على بناء مفهوم الذات واستخدم التحليل العاملي لاستخراج النتائج حيث أظهرت أن هناك علاقة قوية سالبة بين مفهوم الذات وسلوك الإدمان على المخدرات أي كلما ارتفع مفهوم الذات انخفض سلوك الإدمان.

ويعرف شافلسون (**Shavelson**) مفهوم الذات بقوله: "مفهوم الذات هو الإدراكات الذاتية التي تشكلت من خلال الخبرات المترجمة والمفسرة للفرد من خلال البيئة، وهي تتأثر بواسطة التقييم من قبل الأشخاص الآخرين (وخصوصا المهمين) والتعزيز والأشياء المنسوبة لسلوك الأفراد" (Bracken,1996)، وبناء على تعريف شافلسون، فإن مفهوم الذات ليس وجود أو كينونة الفرد، لكنه الافتراضات التي يكونها الفرد ويستخدمها ليفسر ويتنبأ كيف يفعل ويسلك كشخص، وهذه الإدراكات الذاتية (Self -Perceptions) تؤثر في الطريقة التي يسلك بها الفرد أيضا وهذا السلوك يؤثر بالتالي في إدراكات الفرد الذاتية، وتماشياً مع هذا المنظور أشار شافلسون إلى أن مفهوم الذات مهم كنتيجة وكمتغير وسيط تساعد في تفسير سلوك الأفراد الآخرين .

وميز شافلسون بين مفهوم الذات المبني على الإدراكات الذاتية للفرد ومفهوم الذات المبني على استنتاجات الآخرين، وعرف شافلسون سبعة معالم(Features) تعتبر حاسمة في تعريفه لبناء مفهوم الذات هي:

1- مفهوم الذات منظم أو بنائي (Organized or Structured)، فالأشخاص عادة يضيفون كمية واسعة من المعلومات التي يحملونها عن أنفسهم وهذه المعلومات مرتبطة بالآخرين.

2- مفهوم الذات متعدد الأوجه /مركب (Multifaceted)، والوجه المستقل الذي يعكس النظام المرجعي للفرد يمكن التنبؤ به من خلال المشاركة مع المجموعات الأخرى.

3- مفهوم الذات هرمي (Hierarchical) أي أن التنبؤ بالسلوك الفردي في المواقف المحددة يأتي في قاعدة الهرم، والاستنتاج حول الذات في الميادين الواسعة (مثل اجتماعي و جسدي و أكاديمي) يأتي في وسط الهرم، ومفهوم الذات الكلي والشامل يأتي في قمة الهرم .

4- مفهوم الذات الشامل والكلي دائماً في قمة الهرم، وعند النزول في التسلسل الهرمي، يبدأ مفهوم الذات يتحدد أكثر فأكثر، والتغييرات في الإدراك الذاتي في قاعدة الهرم تقل من

خلال فهم الفرد للمستويات العليا في الهرم، والتغيرات في مفهوم الذات الشامل ربما تتطلب التغيير في العديد من أوجه مفهوم الذات عند الفرد .

5- مفهوم الذات تطوري (Developmentally)، مفهوم الذات متعدد الأوجه ينشأ بشكل متزايد (أكثر فأكثر) كلما انتقل الأفراد من مرحلة الطفولة إلى مرحلة البلوغ، فالأطفال في البداية لا يختلفون عن بيئاتهم التي يعيشون فيها، والشباب (Young) يملكون مفهوم ذات عالمي (Global) غير مختلف ومرتبط بالبيئة، وفي المراحل اللاحقة يتطور مفهوم الذات وينمو أكثر فأكثر ويتكامل مع الأوجه المتعددة ومع البناء الهرمي لمفهوم الذات.

6- مفهوم الذات وصفي (Descriptive) وتقييمي (Evaluative) فمثلاً يقوم الأفراد بوصف أنفسهم (أنا سعيد) ويقيمون أنفسهم (أنا جيد في الرياضيات)، وأشار شافلسون إلى أن الفرق (التميز) بين تقييم الذات ووصف الذات ليس فرقاً جوهرياً لذلك فإن المصطلحين مفهوم الذات (Self-concept) وتقدير الذات-Self) (esteem يستخدمان بنفس المعنى (أو بشكل متبادل) في الأدب.

7- مفهوم الذات مرتبط بالمواضيع الأخرى، فعلى سبيل المثال التحصيل الأكاديمي (Academic Achievement)يرتبط ارتباطاً قوياً مع مفهوم الذات الأكاديمي أكثر من مفهوم الذات الجسدي أو مفهوم الذات الاجتماعي، و مفهوم الذات في المواضيع المدرسية على سبيل المال (الرياضيات أو الإنجليزي) يرتبط بشكل قوي مع التحصيل في المواضيع المدرسية المتصلة بالرياضيات والإنجليزي أكثر من التحصيل في مواضيع أخرى **(Bracken, 1996)**.

ويرى فليكر (Fleker) أن مفهوم الذات هو المجموع الكلي للفكرة التي يحملها الفرد عن نفسه، وان مفهوم الذات هو مجموعة فريدة من الإدراكات والأفكار والاتجاهات التي يحملها الفرد عن نفسه. وهذه الفكرة التي يملكها الفرد عن نفسه فريدة وتختلف بدرجات متفاوتة عن أي فكرة يحملها أي شخص آخر عن نفسه، ويضيف فليكر أن فردية الصورة التي يحملها الأفراد عن أنفسهم تتكون من ثلاثة عوامل أساسية:

إدراكات الذات: وتأتي من البيئة المحيطة، فإدراكنا عن طريق حواسنا لما يحيط بنا تختلف من شخص لآخر، فلا يوجد شخصين يمكنهما إدراك نفس الرائحة أو المذاق أو اللمسة ويختبرانها بنفس الطريقة.

أفكار الذات: وهي العامل الرئيسي في مصطلح مفهوم الذات فمجموعة الأفكار التي يحملها

الناس حول أنفسهم تعرف من وماذا يكونون. وهذه الأفكار تتكون من تطوير إدراكات الذات المختلفة إلى أفكار مختلفة حول الذات، وتحدد أي نوع من الناس هم.

اتجاهات الذات: تتطور أفكار الذات والأفكار الداخلية إلى اتجاهات، وتعتبر مجموعة المشاعر الفريدة التي يحملها الأفراد حول أنفسهم من المكونات الهامة لاتجاه الذات وهي تختلف أيضاً من شخص لآخر (الخولي، **1999**).

ويوضح وينجر وولتشر (**Wenger & Vallacher,1989**) أن لمفهوم الذات محتوى وهو ما نعتقده عن أنفسنا في مختلف المجالات، وبناء أو تركيب وهو عبارة عن الصورة التي نكونها عن أنفسنا بأننا متكاملون ومندمجون مع بعضنا بطريقة معينة، فما نعتقده من محتويات عن جسمنا وعن ذاتنا الاجتماعية، رغم انهما مفصولان عن بعضهما كمحتوى إلا انهما في بناء وتركيب واحد فهما غير معزولين تماماً فتصور الناس عن ذواتهم الاجتماعية له ارتباطاته الهامة مع تصوراتهم عن ذواتهم الجسمية.

ويعرف ربر (**Reber,1995**) مفهوم الذات في قاموسه لعلم النفس بأنه مفهوم الفرد عن نفسه وهو الوصف الشامل والكلي الذي يستطيع الفرد أن يعطيه عن نفسه في أي وقت يطلب منه ذلك، ويضيف انه يختلف عن تقدير الذات حيث أن تركيز تقدير الذات على الأحكام التقييمية. ومفهوم الذات هو تكوين معرفي منظم ومتعلم للمدركات الشعورية والتصورات والتقييمات الخاصة بالذات، يبلوره الفرد، ويعتبره تعريفاً نفسياً لذاته، ويتكون مفهوم الذات من أفكار الفرد الذاتية المحددة الأبعاد عن العناصر المختلفة لكينونته الداخلية أو الخارجية.

ويرى روجرز (**Rogers**) أن مفهوم الذات هو تصور جشطلتي كلي منظم يتكون من إدراكات الفرد عن ذاته بمفردها، أو لذاته في علاقتها مع الأشخاص الآخرين والأشياء الموجودة في البيئة، أي علاقتها بالحياة بالإضافة إلى الأحكام المتصلة بهذه الإدراكات (الشناوي، **994**).

ويمكن النظر إلى مفهوم الذات على انه يتكون من أجزاء (الشناوي، **1994**) هي:

الذات الحقيقية: هي جوهر مفهوم الذات، وتعني ما يكونه الفرد فعلاً فهي الواقع الحقيقي الذي يقوم الأفراد عادة بتشويهه، وهي اقرب إلى الذات العميقة أو الذات المكبوتة والتي تظهر عادة عن طريق التحليل النفسي، والذات الحقيقية هي الجزء الرئيسي من مفهوم الذات التي لأيتم التوصل إلى صورتها إلا عن طريق التحليل النفسي .

الذات المدركة أو الواقعية: وهي مجموع المدركات والتصورات التي يكونها الفرد عن نفسه كما هي عليه في الواقع، وهي اسهل ما يمكن التعرف عليه من أجزاء مفهوم الذات، فهي الذات

كما يراها الفرد ويدركها، وكيفية رؤية الشخص لذاته، ويلعب التفاعل مع الآخرين والبيئة دوراً هاماً في تكوين هذا الجزء من مفهوم الذات.

الذات الاجتماعية: تتكون من التصورات التي يعتقد الأفراد أن الآخرين في المجتمع يتصورونها عنه، وهي إدراك الفرد أن الآخرين يفكرون فيه بطريقة خاصة.

الذات المثالية: تشكل ما يرغب أن يكون عليه الإنسان، وما يتطلع إلى تحقيقه وتلعب كموجه للمرء في حياته، وينبغي أن تكون المثاليات التي يضعها الفرد في حدود الممكن.

المهارات الاجتماعية وعلاقتها بالإدمان

يؤكد كثير من الكتاب والباحثين على أن هناك علاقة قوية بين سلوك الإدمان والمهارات الاجتماعية (Linda & Mathea , 1996 , Robert & Nabila, 1995 , Steven & Jennifer & Jennifer,2000 (Mary& Barbara&Norweeta, 2001,

وقدم جرين وولينز وبلير (Greene &Wilens & Bleir, 1999) دليلا قويا على العلاقة بين المهارات الاجتماعية وتعاطي المخدرات والكحول، ووجدوا في دراستهم أن المهارات الاجتماعية كانت متغيراً أساسياً لتعاطي المخدرات والكحول والتدخين أيضا، ويشير ستيفين وجينفر وجينفر (Steven & Jennifer & Jennifer,2000) إلى أن المتخصصين يستخدمون في العادة برامج المهارات الاجتماعية استجابة للعديد من المشكلات الاجتماعية والتي تحدث مع الأفراد عندما يتعرضون لاضطرابات سلوكية أو انفعالية.

ويؤكدان روبرت ونبيله(**Robert & Nabila,1995**) على أن برنامج المهارات الاجتماعية لمعالجة سلوك الإدمان يتضمن ثلاث عشرة جلسة، بمعدل جلسة كل أسبوع، وهذا البرنامج يتكون من إعطاء المعلومات للأعضاء وتعليمهم أساليب وتقنيات المهارات الاجتماعية، وتعليمهم ما هو السلوك الذي يقودهم إلى التعاطي، ومن ثم تدريب الأعضاء على مهارات الوعي الذاتي(Self- Awareness) ويقدم لهم التدريب على مهارة إعادة البناء المعرفي والتدريب على مهارة توكيد الذات والتدريب على مهارة البحث عن مساعدة والتدريب على مهارة الوقاية من الانتكاسة.

وأكد لورنس وكاثرين (Lawrence& Catherine,1997)في دراستهما التي هدفت إلى التعرف على أثر التدريب على المهارات الاجتماعية في سلوك التعاطي عند الفتيات المراهقات واعتمدت استنتاجات هذه الدراسة على دراسة سابقة قام بها لورنس على نساء شابات وتكونت عينة الدراسة من (296) فتاة متوسط أعمارهن (16) سنة و (30%) من أفراد العينة حوامل أو

أمهات و (27.5 %) من الأفريقيات الأمريكيات، (45.5%) من المكسيكيـات الأمريكيات و (9.2 %) من البيض و (50%) من السود، تم إجراء هذه الدراسة في جامعة كاليفورنيا، وتم استخدام قائمة الخبرة الشخصية لتقييم مستوى التعاطي، كما تم استخدام التقارير الذاتية، استمرت هذه الدراسة (16) أسبوعاً بمعدل جلسة أسبوعيا لمدة (90) دقيقة حيث يتضمن التدريب إعطاء معلومات عن مخاطر تعاطي المخدرات، والسلوك الجنسي، والعنف العائلي، وتم تقييم أفراد العينة (5) مرات: قبل التدخل وفي بداية التدخل و خلال التدخل ثم بعد(3) شهور ثم بعد (12) شهراً، أظهرت النتائج أن مستوى التعاطي بقي كما هو عند المجموعة التي تلقت تدريباً على المهارات الاجتماعية وعند المجموعة التي لم تتلقى تدريبا على المهارات الاجتماعية، ووجد الباحثان أن النساء المكسيكيات الأمريكيات أعلى مستوى في التعاطي من النساء الأخريات.

ومن محددات هذه الدراسة كما ذكرها الباحثان أنه ربما تكون النتائج تأثرت بالتقارير الذاتية لمتعاطي المخدرات خلال مراحل التقييم ،كما أن الدراسة تضمنت النساء الشابات المتعاطيات وغير المتعاطيات، وأوصى الباحثان بإجراء المزيد من الدراسات لتطوير برامج وقائية لمتعاطي المخدرات خصوصا عندما أشارا إلى أن هذه الدراسة ربما لم تكن فعالة لأنها لم تأخذ الاختلافات الثقافية بعين الاعتبار .

إن برنامج التدريب على المهارات الاجتماعية(Social Skills Training) هو من أهم البرامج في التدخلات العلاجية والوقائية غير التقليدية التي أصبحت جزءاً مهماً في برامج الوقاية والعلاج من تعاطي المخدرات وإساءة استخدامها والإدمان عليها، وهذه المهارات يحتاج إليها الأفراد للوقاية من الوقوع في سلوك تعاطي المخدرات، وسلوك الإدمان، كما أن متعاطي المخدرات لديهم ضعف واضح في التواصل مع الآخرين، وسلوك التعاطي هو سلوك متعلم بطرق التعلم الاجتماعية التقليدية مثل النمذجة والتعزيز، وهؤلاء الأشخاص يتأثرون بمثل هذا التعلم خاصة إذا كان لديهم تدني في مفهوم الذات أو تدني في الثقة بالذات (Jeffery & Maurice, 1993).

وطالبت جمعية الصحة النفسية الوطنية في الولايات المتحدة الامريكية National) (Mental Health Association بأن يتضمن المنهاج الأساسي المدرسي (الصف الثاني عشر) التدريب على المهارات الاجتماعية من ضمن الطريقة السلوكية المعرفية وذلك للوقاية من مشكلات تعاطي المخدرات عند طلبة المدارس وتتضمن هذه المهارات: مهارة حل المشكلات ومهارات صنع القرار ومهارات الاتصال ومهارات توكيد الذات وهذا البرنامج يزيد من ثقة الأفراد بقدراتهم وأنفسهم، كما يزيد من معرفتهم بالمهارات التكيفية، و تأثيرات المخدرات (Jeffery & Maurice, 1993).

والمهارات الاجتماعية المستخدمة لمعالجة مدمني المخدرات تصمم على أساس العديد من المهارات الاجتماعية المهمة، وتعمل على تطوير الكفاية الاجتماعية، وتعتبر هذه المهارات عنصراً أساسياً لمساعدة الأفراد المدمنين على المخدرات في التغلب على مشكلاتهم الشخصية، ويجب أن تتضمن مهارات الاتصال (Communication skills) والمهارات الاجتماعية بشكل عام (Social Skills)، ومهارات العلاقات مع الجنس الآخر والمهارات اللفظية وغير اللفظية في توكيد الذات (Peters & McMahon,1996).

ويؤكد بيلاك وهيرسن وكازدن (Bellack & Hersen & Kasdin, 1990) على أن النقص في المهارات الاجتماعية يعتبر مؤشراً رئيسياً في مشكلة المخدرات والمؤثرات العقلية والكحول، والإدمان يمكن أن يكون أكثر في حالات ضعف المهارات الشخصية الضرورية للمواقف الاجتماعية ويعرف بيلاك ورفاقه المهارات الاجتماعية بأنها قدرة الأفراد على التعبير عن مشاعرهم الإيجابية والسلبية في السياق الاجتماعي من دون خوف من ردود فعل الآخرين.

وتبدأ جلسات الإرشاد الجماعي الهادفة إلى تقديم الدعم النفسي للمدمنين بعد أن يوافق ويلتزم الأعضاء بالمشاركة، ويشترط أن يتوقف الأعضاء المشاركون في الجلسات عن التعاطي كجزء أساسي من الجلسات، والتدريب على المهارات الاجتماعية منهج وطريقة لمعالجة الإدمان على المخدرات مبنية على النظرية السلوكية المعرفية، التي تركز على كيفية تعليم الأفراد السلوك الجديد، فعلى سبيل المثال الطفل يتعلم كيف يستجيب لموقف اجتماعي من خلال مراقبة من حوله وتقليدهم وهذه ليست مخطط لها، لأن هنالك أشياء تحدث بطبيعتها. ومجموعة الإرشاد الجمعي التي تتلقى التدريب على تطوير المهارات الاجتماعية تتصف بما يلي (Carl & Ted & James & Cynthia & Lon , 2002)،

1. اندماج أعضاء المجموعة، حيث تبدأ المجموعة بعرض للجلسة السابقة وبشكل مماثل تناقش وتلخص في نهاية الجلسة التمارين.

2 . ينظم المرشد المواضيع والجلسات، ويناقش أهداف الجلسات من خلال وضع برنامج لكل جلسة.

3. يناقش المرشد ويحدد المهارة أو المهارات التي ستمارس، والتي سيتم التدريب عليها في الجلسات.

4. تستخدم التمارين في المجموعة لممارسة المهارة، وتمارس تمارين مختلفة في كل جلسة.

5. في نهاية كل جلسة تناقش التمارين التي ستعطى في الجلسة اللاحقة.

وتتضمن جلسات الإرشاد والعلاج بالتدريب على المهارات الاجتماعية خمسة مواضيع:

1. معلومات أساسية لبدء الجلسة .
2. رسالة المرشد لإعطاء المعلومات حول الجلسة .
3. رسالة العضو المشارك من خلال المرشد بالموافقة على الجلسة .
4. المهارة التي سيتم التدريب عليها في الجلسة .
5. تعزيز ممارسة المهارة الاجتماعية .

ويؤكد ماري وباربارا ونورويتا (**Mary & Barbara& Norweeta, 2001**) أن برنامج المهارات الاجتماعية يستخدم لخفض سلوك الإدمان على المخدرات، كما انه يطور المهارات الاجتماعية لديهم بشكل خاص، وعلى المرشد الذي يطبق برنامج المهارات الاجتماعية على المدمنين أن يكون قادرا على:

1. استخدام نموذج نظري يتضمن برنامج المهارات الاجتماعية، ويجب أن يظهر ذلك واضحا في سلوك المرشدين وإدراكهم واستجاباتهم الانفعالية، ويجب على المرشدين أن يكونوا قادرين على توضيح هذا النموذج.

2 . تأسيس علاقة وثيقة مع الأعضاء، وهذا يتضمن أن يكون المرشد قادراً على تقديم الدعم الاجتماعي لهم، والتعبير اللفظي لهم حول استيائهم من سلوكهم وتشكيل سلوك جديد.

3 . وضع أهداف واقعية قابلة للتطبيق في السلوك باستخدام تمارين ناجحة وجدية وقريبة من توقعات الأعضاء.

4 . يدير ويتفاعل مع الانفعالات القوية التي يعبر عنها الأعضاء مثل: الغضب، الكره، الاعتمادية، الإجهاد .

5. يستخدم مجموعة من الاستراتيجيات لتغيير السلوك و الأفكار والانفعالات، وبشكل منتظم ويجب أن يكون قادرا على توظيف هذه الاستراتيجيات بنمط مرن.

6. يمتلك مهارة حل المشكلات ليتعامل مع القضايا الهامة والحساسة بطريقة إيجابية.

7 . يتفاعل بشكل ناجح مع الأعضاء، برغم الفروق الفردية بينهم، كما يوجد العديد من الاستراتيجيات النفسية والتربوية التي يمكن للمرشد أن يستفيد منها ويطبقها ضمن برنامجه .

ويرى كرانفولد (**Cranvold,1994**) أن مصطلح المهارات الاجتماعية يعبر عن عملية أكثر من اعتباره مكون من مكونات السلوك الاجتماعي، فبدلاً من النظر إليه على انه يتكون من سلوك لفظي

وسلوك غير لفظي، فان وجهة النظر الأكثر قبولاً بأنه عملية أو أنظمة للسلوك الاجتماعي والتي تؤكد على التفاعل بين السلوك اللفظي وغير اللفظي، والأفكار، وقيم الفرد، واتجاهاته، ومشاعره والمؤثرات الموقفية والنتائج، كما يرتبط مصطلح المهارة الاجتماعية مع مصطلحات أخرى مثل الكفاءة الاجتماعية، والأداء الاجتماعي التي تهدف إلى إنتاج المهارة الاجتماعية. وبذلك يمكن تعريف التدريب على المهارات الاجتماعية بأنه أسلوب علاجي يهدف إلى مساعدة الأفراد على تطوير وتقوية وإنتاج سلوك اجتماعي في مواقف خاصة، وذلك لمساعدتهم في تحقيق الأهداف الشخصية والاجتماعية قصيرة وبعيدة المدى بفعالية اكثر.

ومن جهة أخرى فان مبادئ كل من الاشراط الكلاسيكي، والاشراط الإجرائي، والتعلم بالملاحظة، تلعب دوراً هاماً في تعلم المهارات مثل تعلم المهارات الاجتماعية ومهارات تأكيد الذات. وتعلم المهارة يتضمن ثلاث مراحل هي:

التعرف: وعملية التعرف هي عملية أدراكية تتضمن إحداث ألفة المتعلم بالموضوع، وهي عملية ذات أهمية كبيرة يهيئ فيها المتعلم نفسه للأداء بالتعرف على المهارة الاجتماعية، ولكن هذا وحده لا يكفي لتعلم المهارة.

التثبيت: مع عملية التعرف لابد من حدوث تغذية راجعة، ويحدث هذا في مرحلة التثبيت عندما تبدأ عمليات التعرف والإدراك في السيطرة من خلال اكتساب التناسق الإدراكي الحركي، وللوصول إلى هذه النقطة يجب تكرار عمليات التدريب، وتستغرق هذه العملية وقتاً أطول لتثبيت المهارة.

التلقائية: عندما ترتبط المعلومات الإدراكية بالعمليات الحركية أو تقتربان تحدث عملية التلقائية. حيث أن العامل الأهم في تعلم أي مهارة هو التدريب، فمن خلاله يحدث الفرد تكاملاً بين الحركات المنفصلة لتأدية المهارة، وهذا يعني أن المعرفة والفهم وحتى الملاحظة لا تكفي لتعلم المهارة على الرغم من أنها أمور أساسية في عملية التعلم (موسى، 1985).

وفي ضوء ما سبق فإن معظم البرامج الناجحة في خفض سلوك الإدمان، هي البرامج المعتمدة والقائمة على التدريب على المهارات الاجتماعية وعلى مفهوم الذات بشكل عام، حيث تساعد هذه البرامج الأفراد في التعرف على ضغوط تعاطي المخدرات، وتزيد من ثقتهم بأنفسهم، كما تساعدهم على اكتساب المهارات الاجتماعية التي يحتاجونها لمقاومة ضغوطات تعاطي المخدرات عندما يكونون مع أصدقائهم، وتتضمن المهارات الاجتماعية: مهارات الاتصال ومهارات تأكيد الذات والمهارات الاجتماعية بشكل عام ومهارات صنع القرار. وهذه المهارات يمكن تعليمها للأفراد عن طريق

الأساليب المختلفة مثل (لعب الدور و المناقشة والتمارين داخل الجلسات ونشاطات الجماعات الصغيرة)، وحتى تكون هذه المهارات ضمن البرامج فعالة في الوقاية وخفض سلوك الإدمان يجب أن يعطى الأفراد فرصة لممارستها، وتزويدهم بالتغذية الراجعة وتقديم التعزيز المناسب لهم وذلك من خلال التدريب في الجلسات الإرشادية **(Linda & Mathea,1996)**.

القلق والاكتئاب وعلاقته بالإدمان

أجرى عيّاد والمشعان (2003) دراسة هدفت إلى التعرف على العلاقة بين تقدير الذات والقلق والاكتئاب لدى ذوي التعاطي المتعدد في دولة الكويت، تكونت عينة الدراسة من مجموعتين، تكونت المجموعة الأولى من (46) فرداً: (21) أعربا و(25) متزوجاً، من المتعاطين الذين ينتمون إلى نمط التعاطي المتعدد، أما المجموعة الثانية فتكونت من (46) فرداً: (21) من فئة العزاب و(25) من فئة المتزوجين، من غير المتعاطين، واستخدم في هذه الدراسة مقياس القلق، ومقياس الاكتئاب، ومقياس تقدير الذات، وقائمة البيانات الأولية، وتم التطبيق فردياً على (46) متعاطياً من المترددين على مركز علاج الإدمان والعيادات الخاصة للعلاج من الإدمان، يقابلهم (46) من غير المتعاطين، واستخدم اختبار(ت) لاستخراج دلالات الفروق بين المتعاطين وغير المتعاطين في كل من القلق والاكتئاب وتقدير الذات، أظهرت نتائج الدراسة وجود فروق دالة إحصائيا بين المتعاطين وغير المتعاطين في تقدير الذات حيث اظهر المتعاطون انخفاضا واضحا في تقدير الذات مقارنة بغير المتعاطين، وفروق دالة إحصائياً بين المتعاطين وغير المتعاطين في القلق والاكتئاب ارتفاعاً، حيث أظهر المتعاطون ارتفاعاً في القلق والاكتئاب.

وأجرى بروكس **(Brooks,2002)** دراسة هدفت إلى التعرف على العلاقة بين مفهوم الذات والاكتئاب والسلوك المشكل وعلاقتها بتعاطي المخدرات، وقد تألفت عينة الدراسة من (322) مراهق في مدينة اينر (Inner)وتم جمع البيانات من المراهقين وآبائهم من خلال مقاييس أعدت لهذه الغاية، وتم استخدام التحليل الإحصائي(Correlations) لتفحص العلاقة بين سلوك تعاطي المخدرات ومفهوم الذات والاكتئاب والعوامل الأخرى، أظهرت نتائج الدراسة أن هناك علاقة إيجابية بين السلوك المشكل(Problem Behavior) والاكتئاب وتعاطي المخدرات، وأن هناك علاقة سالبة بين مفهوم الذات وتعاطي المخدرات، أي إذا تدنى مفهوم الذات يزداد سلوك التعاطي، وكلما زاد الاكتئاب، ازداد تعاطي المخدرات.

وفي دراسة أجراها كينر وميثا واوكي **(Kinnier & Metha & Okey,1994)** هدفت إلى التعرف على العلاقة بين الاستخدام المتكرر للمخدرات وبين أبعاد الصحة النفسية (مفهوم الذات والاكتئاب

و أهداف الحياة)، تكونت عينة الدراسة من (161) فرداً واستخدمت الدراسة مقياس روزنبرغ لمفهوم الذات ومقياس بيك للاكتئاب وأداة كرومبو لغرض الحياة وهذه الأداة تحتوي على (20) فقرة وتشير الفقرات إلى الاستجابات التي تجد معنى أو هدفاً للفرد في الحياة، أظهرت النتائج أن زيادة استخدام المخدرات يعني زيادة في الاكتئاب ونقص في مفهوم الذات وكذلك نقص في أهداف الحياة .

آثار الإدمان

يؤدي تعاطي المخدرات والإدمان عليها إلى أضرار اجتماعية بالغة في كثير من الحالات، تحيط بالمتعاطي نفسه، وتنسحب على المحيطين به من أفراد أسرته وبعض المقربين منه من الأصدقاء، وتنعكس بالتالي على المجتمع واستقراره وأمنه الاجتماعي، سيما وان تعاطي المخدرات في المجتمعات العربية والإسلامية يرتبط بالكرامة الشخصية للمتعاطي، والذي كثيراً ما يحاول التحفظ على ممارساته السلوكية المرتبطة بتعاطي المخدرات، وعدم إفشاء أمره نظراً لنبذ المجتمع لهذه العادة وسلوكياتها كونها تخالف القوانين والأعراف الاجتماعية، وما يتصل بها من قيم وعادات وتقاليد ترفض تلك الممارسات السلوكية الخاطئة.

ولتعاطي المخدرات أضرار اجتماعية تؤثر على الفرد والمجتمع، فعلى صعيد الفرد يميل متعاطي المخدرات غالبا إلى العزلة والانطواء، ويبقى أسير نفسه ومخدره، لا هم له سواه، ضاربا بعرض الحائط جميع الواجبات الاجتماعية التي تترتب عليه تجاه أسرته وذويه ومجتمعه، وحتى واجباته تجاه نفسه، مما يجعله يعيش في دائرة مغلقة، أقرب ما تكون إلى السجن الفردي، وهناك أضرار اجتماعية أخرى، حيث يبتعد متعاطي المخدرات عن بيئته الاجتماعية الطبيعية، ورفاقه الأسوياء، ويلجأ إلى صداقات ورفاق جدد من أمثاله الذين يدمنون على تعاطي المواد المخدرة، وتبقى علاقاته الاجتماعية محصورة في النطاق الموبوء بالمتعاطين، كذلك يواجه متعاطي المخدرات نبذ المجتمع وكراهيته، وتصبح النظرة إليه كإنسان شاذ خارج عن أعراف المجتمع وتقاليده (السعد، 1997) .

الفصل الثاني
أنواع المخدرات

>تصنيف المخدرات من حيث طبيعتها

>المخدرات الطبيعية

>المخدرات التصنيعية

>المخدرات التخليقية

>تصنيف المخدرات من حيث تأثيرها

>المهبطات

>الافيونات

>المنشطات

>المهلوسات

>الحشيش

الفصل الثاني
أنواع المخدرات

المقـدمة

يصنف دليل تشخيص الاضطرابات النفسية Diagnostic And Statistical Manual of Mental Disorders
(DSM-IV 1994) المخدرات إلى (11) صنفاً هي:

1- الكافيين (Caffeine)

2- الحشيش (Cannabis)

3- الكوكائين (Cocaine)

4- المهلوسات (Hallucinogens)

5- المواد الطيارة (Inhalants)

6- النيكوتين (Nicotine)

7- الأفيونات (Opioids)

8- الفنسيسلايدين (PCP) (Phencyclidine)

9- المسكنات (Sedative)

10- المنومات (Hyphontics)

11- مسببات القلق (Anxiolytics) ومواد أخرى.

تصنيف المخدرات من حيث طبيعتها:

تقسم المخدرات من حيث طبيعتها ومصدرها إلى ثلاثة أقسام هي:

أولاً: المخدرات الطبيعية:

هي المخدرات من أصل نباتي، وهي كل ما يؤخذ مباشرة من النباتات الطبيعية التي تحتوي على مواد مخدرة
سواء كانت نباتات برية أي تنبت دون زراعة، أو نباتات تمت زراعتها منها: الحشيش، والأفيون، والكوكا،
والقــات.

ثانياً: المخدرات التصنيعية:

وهي المخدرات المستخلصة من المواد والنباتات الطبيعية، ولكنها أقوى تركيزا منها واشد فتكا بالإنسان مثل: المورفين المستخلص من الأفيون ولكنه اشد قوة منه، والهيروين المشتق من المورفين وهو أيضا اشد قوة من المورفين، ولعل هذه المواد المصنعة لها تأثير صحي بالغ الخطورة لما تسببه من فقدان للشهية، وزيادة في ضربات القلب، والقشعريرة وتوسيع حدقة العين، وقصور في وظائف الكلية، ولعل اشد هذه الأعراض هو مرض نقص المناعة المكتسب (الإيدز) الذي ينتقل عادة عن طريق تلوث الحقن التي يستخدمها المدمنون.

ثالثاً: المخدرات التخليقية:

المخدرات الناتجة من تفاعلات كيميائية، وهي مخدرات تمت جميع مراحل صنعها في المعامل، من مواد كيميائية لا يدخل فيها أي نوع من أنواع المخدرات الطبيعية، وان كانت تحدث آثارا مشابهة للمخدرات الطبيعية، خاصة حالة الإدمان، ومنها المهلوسات الامفيتامينات، الباربيتورات، الكبتاجون.

تصنيف المخدرات من حيث تأثيرها

ويمكن تصنيف المخدرات من حيث تأثيرها إلى مجموعات، لكل مجموعة منها تأثيراتها المتشابهة على الفرد المدمن والمتعاطي، والتي تسبب مشكلات متنوعة تشمل المشكلات الجسدية والمشكلات النفسية والمشكلات الاجتماعية، وفيما يلي شرح مختصر للمجموعات الرئيسة للمخدرات:

أولاً: المهبطات: وتضم هذه المجموعة الأنواع التالية من المخدرات:

- الكحول (Alcohol)
- الباربتيورات (Barbiturates)
- المنومات (Hypnotics)
- المسكنات الصناعية (Synthetic Sedative)

ثانياً: الأفيونات **(Opiates/ Opiods)**

- المورفين (Morphine)

- كودائين (Codeine)

- الهيروين (Heroein)

- دبانون (Dipipanone)

- البيثداين (Pethidine)

ثالثاً: المنشـطات **(Stimulants)**

- الكوكائين (Cocaine)

- الأمفيتامينات (Amfetamines)

- المثيلفنديت (Methylphenidete)

- الفينمترزين (Phenmetrazine)

- الكافيين (Caffeine)

رابعاً: المهلوسـات **(Hallucinogenic Drugs)**

- الداي اثيل حمض اللسيرجيل (LSD)

- المسكالين (Mescaline)

- البيوت (Peyote)

خامساً: الحشيش **(Cannabis)**

أولاً: المهبـطات **(Depressant substances)**

تتضمن هذه المجموعة الكحول (Alcohol)، والباربتيورات(Barbiturates) والمنومات (Hypnotics) ، والمسكنات الصناعية (Synthetic Sedative)، وهذه المجموعة من المخدرات لها القدرة على التسبب في درجة من الخمول والكسل والنعاس، أو الاسترخاء، كما أنها تسبب فقدان الفرد السيطرة على النفس، وتفقده مهارة تعلم السلوك الجديد نتيجة لتأثيرها على مراكز في الدماغ، وهذه المجموعة من المخدرات تحدث تغيرات في النظام العصبي مما يؤدي بالتالي إلى ظهور أعراض الانسحاب عند الفرد المدمن، والانسحاب المفاجئ من تعاطي أي من مواد هذه المجموعة يمكن أن يهدد الحياة **(Grant & Hodgson 1991.,)**

الكحـول

يعتبر الكحول من العقارات المهبطة، لأنه يبطئ قدرة المخ على التحكم في عمل أعضاء

الجسم، وأيضاً على التفكير، وعلى اتخاذ القرارات، وعلى الحكم السوي مهما كان مصدر الكحول، سواء في البيرة أو النبيذ، أو في أي نوع من أنواع المسكرات الأخرى، ولذا فإن تأثير الخمور على الإنسان لا يتوقف على نوع الخمر، وإنما على كمية الكحول الموجودة في هذا النوع.

والسكر هو حالة مرضية تتميز بسلوك غير طبيعي، لبحث واقتناء وشرب الخمر بإفراط، مما يؤدى إلى عدم التحكم في:

أ- عدد مرات شرب الخمر.

ب- كمية الخمر المستعملة في كل مرة.

وينتج عن ذلك تدهور في صحة المدمن، وفى حياته الأسرية والاجتماعية والاقتصادية، وبالطبع تتدهور حياته الروحية.

التأثيرات قصيرة المدى

1- احمرار العينين والوجه، والشعور بارتفاع درجة حرارة الجسم.

2- رائحة غير مقبولة بالفم والتنفس.

3- الغثيان والقيئ.

4- خلل في الاتصال وفي الاستجابة، بين المتعاطي ومن حوله، سواء أسرته أو المجتمع الذي يعيش فيه.

5- خلل في حواس الجسم كالنظر والسمع، وأيضاً في التفكير، وفى المشاعر نحو الآخرين وعدم المقدرة على التحكم في نفسه.

6- الإغماء .

التأثيرات طويلة المدى

1. يعتبر الكحول من العقارات المهبطة كما ذكرنا سابقاً، ولذا يكون من الخطورة الشديدة استعمال أدوية مهبطة، مثل الأدوية المهدئة أو المنومة مع شرب الخمر، لأن ذلك يضاعف التأثير المهبط على أجهزة الجسم، ويجد المتعاطي نفسه في حالة هبوط شديد، بسبب بطء قدرة المخ على التحكم في عملية التنفس، وحركة القلب. وربما يتسبب هذا في الموت.

2. أجمع العلماء الآن على أن الخمور تجعل الجسم يمتص الكيماويات الموجودة في السجاير

والحشيش بأنواعه المسببة للسرطانات بطريقة أسرع، ولهذا كان شرب السجاير مع الخمور أو تعاطى حشيش أو بانجو مع الخمور خطير جداً على صحة المتعاطي، لأنه يرمى نفسه بصورة أسرع لسرطان الفم والزور والمريء والكبد.

3. يؤدي تعاطى بعض الأدوية مع شرب الخمر إلى أعراض جانبية كثيرة منها مغص شديد - قيئ - صداع. وهنا يلزم النصيحة بأنه لا شرب خمر مع استعمال أدوية لتفادى الأعراض الجانبية.

4. يجعل حياة الأم الحامل وحياة جنينها في خطر شديد، وينتج عن ذلك إجهاض، أو يولد الطفل به عيوب خلقية، أو ناقص النمو أو متخلف عضوياً وعقلياً.

ثانياً: الأفيونات **(Opiates/ Opiods)**

يستخرج الأفيون من شجرة الخشخاش (Opium)، وقد عرف نبات خشخاش الأفيون منذ زمن سحيق أي ما قبل الميلاد بآلاف السنين، فقد وجدت نقوش فرعونية لنبات الأفيون على جدران المعابد، واستخدم في هذه الفترة علاج لبعض الأمراض، مثل: علاج المغص عند الأطفال، وتم استخدامه في العصور الوسطى في علاج بعض الأمراض مثل: الرشح، وآلام المفاصل، وتسكين الآلام بعد أجراء العمليات الجراحية، واصبح الآن في وقتنا الحاضر نبات خشخاش الأفيون يزرع بطرق غير مشروعه، وأصبح بالغ الخطورة، وضاراً على حياة الفرد والمجتمع نظراً لسرعة الإدمان عليه سواء من الناحية النفسية أو الجسدية. والخشخاش نبات سنوي، وأوراقه ملفوفة على الساق ومتبادلة . ينتج النبات زهوراً رائعة الجمال، وتعطي الزهور عند نضجها ثمرةً على شكل كبسولة بيضاويه أو كروية الشكل، يتراوح حجمها بين البندقة والبرتقالة الصغيرة، ويستخرج الأفيون من الإفراز الناتج من تشريط الكبسولة غير الناضجة، ويكون لونه في بادئ الأمر أبيض، ثم يتحول بفعل الهواء إلى اللون البني، ثم إلى اللون الأسود الداكن، والأفيون الخام شديد المرارة، ذو رائحة نفاذة، ويستخلص منه اكثر من مادة كيميائية أهمها: المورفين(Morphine) الذي يتحول من خلال عمليات معالجة كيميائية إلى الهيروين (Heroein)، والكودائين (Codeine) الذي يستخدم لتسكين الألم وجلب الشعور بالراحة، والميثادون (Methadone)، والدبانون Dipipanone و (البيثداين) Pethidine والثيابين**(Grant & Hodgson ,1991)**.

1- المورفين (Morphine)

وهو أحد مشتقات الأفيون، حيث استطاع العالم الألماني سيرتونر (Sertuner)من عزل العنصر الفعال في الأفيون وهو المورفين، وهو العنصر المسؤول عن معظم الآثار الفسيولوجية والسيكولوجية

المترتبة على تعاطي الأفيون بأي صورة من الصور، وقد انتشر استخدام المورفين بعد ذلك لأغراض طبية في العالم الغربي وخاصة في الولايات المتحدة الأمريكية. وساعدت على ذلك ظروف الحرب الأهلية التي بدأت عام 1861 واستمرت حتى أواخر عام 1864، وذلك لمواجهة احتياجات العمليات الجراحية في أثناء الحرب، وفي عام 1870 كانت قد اخترعت الإبرة الطبية اللازمة للحقن تحت الجلد (منذ منتصف ذلك القرن) وأدخلت عليها التحسينات التقنية اللازمة بحيث أصبحت أداة شائعة الاستعمال بين الأطباء والمرضى لحقن المورفين (سويف، 1996).

ويكون المورفين على شكل مسحوق ابيض بلوري، كما يمكن أن يكون على شكل أقراص أو محاليل للحقن، ويتدرج لون مسحوق المورفين من الأبيض إلى الأصفر إلى البني تبعاً لنقاوته، وهو مر المذاق.

ويتعاطى معظم مدمني المخدرات مادة المورفين عن طريق الحقن تحت الجلد، أو في العضل، ونادراً ما يتعاطونه عن طريق البلع، لأنه إذا استعمل بهذه الطريقة يلزم تعاطي كميات كبيرة منه، وهو ما يحتاج إلى تكاليف باهضة، ويلجأ المدمن في حالات الإدمان المتقدم إلى الحقن في الوريد مباشرة حيث تكون فاعليته أسرع من الحقن تحت الجلد (غباري، 1999).

2- الهيروين (Heroein)

أحد مشتقات المورفين الأشد خطورة، ففي عام 1874 أمكن تخليق الهيروين معملياً، وعرف في البداية باسم داي أسيتايل مورفين، إلى أن أطلقت عليه شركة باير للأدوية اسم الهيروين عام 1898. حيث يقوم تجار المخدرات باستخراج الهيروين من قاعدة المورفين بطرق كيميائية مختلفة، ويؤدي ذلك إلى وجود شوائب عديدة في المادة المحضرة، وهذا يؤدي إلى وجود أنواع متباينة منه هي:

الهيروين رقم (1): ويسمى الهيروين الأسمر لعدم تنقيته، ويتكون من قطع كبيرة صلبة ذات رائحة قوية نتيجة الخلل الذي دخل في تركيبها.

الهيروين رقم (2): يدعى قاعدة الهيروين الجافة، وهي مادة صلبة يمكن تحويلها إلى مسحوق بتنقيتها بين الأصابع، ويتراوح لونها بين الرمادي الشاحب والبني الغامق أو الرمادي الغامق.

الهيروين رقم (3): يكون على شكل حبيبات، ويخفف المسحوق بالكافيين، وتتراوح كمية الهيروين في هذا المسحوق (من 25-40%)، ويضاف إليه مادة الأستركتين والكينين، والسكوبالامين، ويطلق على هذا النوع من الهيروين أسماء عامية مثل: السكر البني، والهيروين الصيني، ولؤلؤة التنين الأبيض، والبازوكا (غباري، 1999).

الهيروين رقم (4): مسحوق دقيق ابيض منقى بدرجة كبيرة لا يحتوي إلا على القليل من الشوائب، ولكن تجار المخدرات يقومون بتخفيفه بإضافة مواد أخرى إليه مثل اللاكتوز وفي مصر يتم خلط هذا النوع بمواد كثيرة مثل السكر، وغيره.

تأثير الأفيونات ومشتقاتها

مجموعة الأفيونات تستخدم للتخلص من الألم، والشعور بالراحة والسعادة والتحرر، والشعور بالنشاط والسرور، وتضعف التنفس، وتسبب الاسترخاء والهدوء، والشعور بالنشوة أحياناً، وبالاكتئاب أحياناً أخرى، كما أنها تسبب النعاس والنوم. و يصاب من يتعاطى المورفين بالهياج العصبي الشديد، ومن آثاره المنبهة الغثيان، والقيء، وانكماش بؤبؤ العين، وازدياد قوة انعكاسات النخاع الشوكي، والتشنجات، كما تسبب هذه المواد تقلص عضلات المعدة والأمعاء فيؤدي ذلك إلى بطء مرور الطعام في المعدة والإمساك، ومن آثار المورفين المزعجة القيء، وإفراز العرق بغزارة، وحكة الجلد، والإدمان. كما أنه يبطئ النبض، ويخفض ضغط الدم. وتسبب هذه المجموعة الإدمان. والانسحاب من الأفيونات يحدث انزعاجاً كبيراً ولكنة ليس مميتاً، ويصيب الانسحاب من الأفيونات المدمن بالمرض والوهن والتعب.

ثالثاً: المنشطات **(Stimulants)**

وتضم هذه المجموعة الكوكائين (Cocaine) وهذا النوع من المخدرات ينتج شعوراً بالابتهاج والانتعاش، ويقلل من الشعور بالتعب والإجهاد، ونفس المشاعر تنتجها الأصناف الأخرى من هذه المجموعة مثل الأمفيتامينات (Amfetamines)والميثيلفنديت (Methylphenidete) والفينمترزين (Phenmetrazine)، الكوكائين والأمفيتامينات وبعض الأنواع الأخرى تسبب إثارة شديدة، وتخفض لفترة قصيرة الاضطرابات الذهانية (Psychotic Disorders). وهذه المجموعة لها احتمالية إدمان عالية بالرغم من أن أعراض الانسحاب تبدو محدودة وهي عبارة عن شعور مؤقت بالإجهاد والتعب والاكتئاب والشعور بهبوط المزاج (Let -Down).

1- الكوكائين (Cocaine)

يتم استخلاص الكوكائين من المادة شبه القلوية من أوراق الكوكا، وتجري معالجتها بحامض الهايدروكلوريد ليتكون هايدروكلوريد الكوكائين، وهو عبارة عن ملح يذوب في الماء بسهولة، والكوكائين مادة ناعمة بيضاء اللون، وتوجد على شكل مسحوق بلوري عديم الرائحة، ويتم تعاطي

الكوكائين عن طريق مضغ أوراق الكوكا، والشم، والبلع، والحقن في الوريد، وعن طريقه يدخل المخدر مباشرة إلى مجرى الدم، ولذلك يكون أثره أسرع، ولكن لفترة قصيرة، لذلك يتكرر الحقن في بعض الأحيان كل بضع دقائق أملاً في استمرار المشاعر المتوقعة.

آثار الكوكائين:

يسبب الكوكائين التخدير الموضعي عند ملامسته للجلد، أو الأنسجة المخاطية، ويستخدم على صورة محلول تركيزه 4%حيث يمتص من الجلد أو النسيج المخاطي بسرعة، ويسبب الكوكائين توقف الإشارات الكهربائية في الأعصاب الطرفية فيؤدي إلى اتساع بؤبؤ العين وانكماش الأوعية الدموية، وسرعة النبض وعدم انتظامه. كما يؤدي إلى تنبيه الجهاز العصبي المركزي، فيسبب كثرة الحركة والكلام وعدم المقدرة على الاستقرار، ثم رجفة في اليدين والساقين ثم الهياج العصبي و الشحوب وتصبب العرق البارد وسرعة التنفس وزرقة الجلد ثم النوبات الصرعية، ويؤدي التسمم بالكوكائين إلى عدم انتظام دقات القلب.

2- الأمفيتامينات **(Amfetamines)**

بدأ تاريخ الامفيتامينات في عام (1887) حينما تمكن إديليانو من تصنيعها معملياً، وكان أول من وصف آثارها جوردن أليس في عام (1928)، وسرعان ما سوقتها الشركة الدوائية الكبرى سميث وكلاين وفرنس للاستخدام من خلال بخاخة للاستنشاق، يستعملها من يعانون من التهاب أغشية التهاب الأنف المخاطية، واستخدمت الشركة حينئذ اسماً تجارياً هو البنزدرين. وفي عام (1935) صنعت المادة على شكل أقراص واستخدمت لحالات النوم القهري. وشاع في الأربعينيات استعمال الامفيتامينات بين الطلاب ليتمكنوا من مقاومة النوم، والزيادة في تذكر الدروس في أوقات الامتحانات. ثم تبع ذلك شيوع شهرة هذه الأدوية خارج النطاق الأكاديمي، وخاصة بين الرياضيين.

وانتشر تعاطي الامفيتامينات في الولايات المتحدة الأمريكية في فترة الحرب وما بعدها، وظهرت في الفترة (من 1960-1962) بوادر انتشار وبائي لتعاطي الامفيتامين بالحقن في الوريد في منطقة سان فرانسيسكو، ويؤكد المتخصصون أن التصنيع غير المشروع للامفيتامينات القابل للحقن ازداد نشاطاً بعد عام (1963)، وخاصة في كاليفورنيا، وتسارعت هذه الزيادة حتى بلغت الذروة عام (1972)، ثم تراجعت بعد ذلك بسرعة ملحوظة، بسبب تناقص عدد الوصفات الطبية التي تصف الامفيتامين دواء مشروعاً، بالإضافة إلى اللجوء إلى التشريعات التي تغلظ العقوبة على المتعاطي(سويف، **1996**).

آثار الأمفيتامين:

تختلف آثار الأمفيتامين من شخص لآخر وتبعاً لكمية الجرعة ومن أهم أثارها المباشرة ما يلي:

1- تخفيف آثار الجوع والتعب.

2- كثرة الحركة والنشاط.

3- اتساع في حدقة العين.

4- سرعة في دقات القلب.

5- خلل بسيط في الاتزان العضلي والكلام المتقطع.

6- غثيان وصداع.

أما الآثار النفسية فيمكن إجمال أهمها بما يلي:

1- الثقة بالنفس.

2- كثر الكلام وزيادة الانتباه.

3- طاقة كبيرة وقدرة على التركيز الذهني.

4- زيادة الاستثارة العصبية.

5- يقضي على الحزن والقلق والخوف.

6- فقدان الذاكرة.

7- تعقيد نفسي مع محاولات الانتحار.

ومن المنشطات الكافيين (Caffeine) الموجود في القهوة والشاي (الشاي أيضا يحتوي على الثيبرومين (Thebromine). والثيبرومين هو مركب ذو طعم مر يوجد في بذور الكاكاو، والقهوة والشاي تحتوي على الكافين، وهذه المادة (الكافيين) تنتج الشعور بالإثارة، وتخفف بشكل معتدل ولطيف درجات من الشعور بالتعب والإجهاد . والقهوة والشاي تحدث مستويات منخفضة من الاعتماد وأعراض الانسحاب لها محدودة مثل الشعور بالصداع والإجهاد والتعب .

رابعاً: المهلوسات **(Hallucinogenic Drugs)**

المهلوسات هي مجموعة المواد النفسية التي تثير عند من يتعاطاها بعض الهلوسات، وعقاقير الهلوسة مواد مخدرة، تشوه الرؤية الحقيقية للأشياء، وتعطي خداعاً حسياً يجعل من الصعب التفرقة بين الحقيقة والخيال، وإذا تعاطاها الفرد بكميات كبيرة فإنها تؤدي إلى الهلوسة، ومن ثم هلاوس بصرية (أي رؤية دون مرئي) وهلاوس لمسية، وشمية، وسمعية.

و تتضمن هذه المجموعة الداي اثيل حمض اللسيرجيل (LSD) والمسكالين (Mescaline)، والبيوت (Peyote)، وأنواع أخرى مستخرجة من النباتات. وهذه المجموعة من المخدرات لها تأثير نفسي عالٍ، وتنتج درجة عالية من الهلوسات، والاضطرابات الإدراكية الحسية، وتستجر أحيانا مشاعر غريبة، وأحياناً أخرى مشاعر مرعبة، وهي لا تسبب اعتماداً جسدياً عليها **(Grant & Hodgson ,1991)**.

الحشيش : **(Cannabis)**

ينتج الحشيش من نبات القنب الهندي وهذا النبات ينمو في المناخ الدافئ المعتدل، وله أحجام تختلف حسب اختلاف التربة المزروع فيها، والمادة الفعالة في الحشيش توجد في المادة الراتنجية، وتسمى الكانابيتين، ويرجع استخدام الحشيش كمخدر إلى آلاف السنين حيث استخدمه قدماء المصريين علاجاً لبعض الأمراض في عهد الملك رمسيس، وفي عصرنا الحديث انتشر استخدام الحشيش في جميع أنحاء العالم، وتعاني منه كثير من الدول وما يزيد الأمر سوءاً أن معظم المتعاطين من الشباب وصغار السن. والحشيش نبات حولي يتراوح طول شجيراته من 1 إلى 5 أمتار، ويطلق عليه القنب الهندي أو الحشيش أو الماريجوانا، والأوراق متقابلة بالقرب من قاعدة الساق ولكنها متبادلة أعلى الساق والورقة مركبة من عدة وريقات فرعيه يتراوح عددها تقريباً ما بين 3 إلى 15 وريقة وتوجد أعلى الوريقات شعيرات دقيقة مما يجعلها خشنة الملمس، وتتركز المادة الفعالة في القمم النامية، أي الأطراف المزهرة للنبات ويلاحظ أن الحشرات تتجنب هذه النبتة.

وهناك رغبتان لدى متعاطي الحشيش هما:

1. الرغبة في استمرار المخدر فترة طويلة مع زيادة فعل التخدير.
2. الرغبة في زيادة القدرة الجنسية كما يزعم المتعاطون.

تأثيرات الحشيش

يؤدي الحشيش إذا ما استعمل بكميات قليلة إلى حاله بسيطة من الانتعاش، وإذا استعمل بكميات اكبر فأنه يؤدي إلى هلوسات وخيالات وأوهام تشبه إلى حد كبير حبوب الهلوسه، ومن بين التأثيرات الواضحة والهامة كثرة الضحك الصاخب، اللامبالاة، الشعور بالغبطة، اظطراب في الحس والإدراك والذاكره،عدم الاتزان في الاستجابة العاطفية، ويسبب تشويش في الإدراك الحسي للزمان والمكان ويغير المزاج ويشوه القدرة على الحكم على الأشياء

أما التأثيرات الجسمية لاستعمال الحشيش فهي كالآتي:

سرعة ضربات القلب، التهاب قرنية العين، شعور بجفاف الفم والحلق، أحياناً غثيان وقيئ، ويسبب تدخين كميات كبيرة من الحشيش التهاب الجهاز التنفسي .

وهناك أنواع ومجموعات أخرى من المخدرات مثل النيكوتين (Nicotine) ، والمذيبات الطيارة Volatile)

(Inhalants. ويوضح الجدول رقم (5) أنواع المخدرات وأمثلة عليها وتأثيراتها (Gossop & Grant,1990)

الجدول (5)

أنواع المخدرات و أمثلة عليها و تأثيراتها

التأثير Effect	أمثلة Examples	نوع المخدر Type of Substance
الخمول ، الشعور بالسعادة و الإسترخاء Drowsiness , Pleasant-tion Disinhibition	الكحول ، الباربيتورات، المسكنات، المنومات Alcohol, Barbiturates, Sedative, Sleeping tablets	المهبطات Depressants
تسكين الألم، الشعور بالسعادة ، و السرور و البهجة و الإنتعاش و الإستقلالية Relief of Pain, Pleasant, De-tached Dreamy euphoria	مورفين ، ميثادون ,Morphine Methadone	الأفيونات Opiates
تخفف الشعور بالجوع و الإجتهاد ، الإبتهاج و Exhilaration, Reduced fatigue and الإنتعاش hunger	كوكائين ، أمفيتاميتات Co-caine , Amfetamines	المنشطات Stimulants
تشويه في الإدراك الحسي ، عدم الإهتمام بالأخرين Other- Worldliness, Perceptual distortions	الداي أثيل حمض اللسرجيل ، مسكالين ، بيوت LSD , Mescaline, Peyote	المهلوسات Hallucinogenics
الشعور بالإسترخاء ، هاوسات ,Belax-ation Hallucinogenic effects	الماريجوانا ، القنب الهندي Marijuana , Ganja , Bhang	الحشيش Cannabis
Sedation and Stim-ulation مسكن ، منبه	توباكو Tobacco	النيكوتين Nicotine

المواد الطيارة Volatile Inhalant	غراء ، الأصباغ السائلة المرققة للدهان ، ورنيش Glues , Lacquers, paint thinnes	خمول ، إسترخاء ، إضطرابات في الإدراك الحسي Drowsiness, relaxation, perceptual disturbances

المصدر : (Grant & Hodgson , 1991)

الفصل الثالث
النظريات المعاصرة المفسرة للإدمان

>النظريات البيولوجية

>النظريات النفسية

>النظريات الاجتماعية

>النظريات الفسيولوجية

>التكاملية في النظريات

>أسباب تعاطي المخدرات

الفصل الثالث

النظريات المعاصرة المفسرة للإدمان

هناك نظريات معاصرة كثيرة تفسر سلوك الإدمان ومن هذه النظريات: النظريات البيولوجية والنظريات النفسية والنظريات الاجتماعية.

النظريات البيولوجية (Biological Theories)

ركزت الأبحاث والدراسات المهتمة بوجهة النظر البيولوجية للإدمان على ثلاث نظريات وهي:

النظرية العصبية البيولوجية (Neurobiological Theory).

النظرية العصبية السلوكية (Neurobehavioral Theory).

النظرية الجينية (Genetic Theory).

تركز النظرية العصبية البيولوجية على العمليات الأولية، والدور الذي تلعبه هذه العمليات في التسبب في استخدام المخدرات، ويلعب الاستعداد الوراثي دوراً كبيراً في هذه النظرية، أما النظرية العصبية السلوكية فتساهم في تفسير مشكلة المخدرات من خلال الربط بين الاضطرابات السلوكية الرئيسة والنظام العصبي الوظيفي، ويلعب الاستعداد الوراثي دورا مهماً في هذه النظرية، والنظرية الجينية تؤكد على الوراثة وعلى الصفات الوراثية وعلى قابلية الأفراد للوقوع في الإدمان في تفسيرها لتطور اضطرابات الإدمان.

وتظهر الخصائص الوراثية من خلال تاريخ سلوك الإدمان لدى الأفراد من نفس الأسرة ومن خلال الاستعداد الوراثي للأسر، وتفسر هذه العوامل الوراثية قابلية الأفراد في الاعتماد على المخدرات، والأفراد الذين يحملون خصائص وراثية أخرى يظهرون عوامل وراثية وقائية بحيث تجعلهم يبتعدون عن استخدام المخدرات، والأساليب البيولوجية الفردية تفصل وتحدد الجينات التي ربما تجعل الأفراد قابلين للوقوع في الإدمان، وهناك احتمالية أن هناك أنزيمات تساعد في الاستعداد للإدمان.

وعلى أية حال فالعوامل الجينيه ليست قادرة لوحدها على إيقاع الأفراد في الإدمان، وهناك عوامل أخرى تشترك معها في الإدمان منها العوامل البيئية و فكرة الأفراد حول المخدرات وتأثيراتها والعائلة و تأثيرات الرفاق و الضغوط اليومية والقيم الثقافية، وتشترك هذه العوامل مع العوامل الوراثية في مشكلة الإدمان. وتنتج الكحول والمخدرات تغيرات في الدماغ، فمنظر المخدر أو شم رائحته تثير (تنبه) الدماغ وهذه المثيرات يمكن أن يتأثر بها الأفراد المضطربون الذين لديهم وساوس وأفعال قهرية و اضطرابات في الأكل وإدمان على الحشيش، أو اضطرابات أخرى. **(Rasmussen, 2000)**

النظريات النفسية **(Psychological Theories)**

لسنين عديدة كان الأخصائيون النفسيون يعتبرون أن مشكلات تعاطي المخدرات والكحول والإدمان عليها هي أعراض لاضطرابات نفسية، وليست اضطراباً بحد ذاتها، أو اضطراباً في شخصياتهم. ولكن في هذه الأيام نجد كلاً من الجمعية الأمريكية للطب النفسي، وجمعية علم النفس الأمريكية تؤكدان على أن الإدمان اضطراب، وليس مجرد عرض لاضطراب، والعديد من نظريات علم النفس أصبحت تتبنى هذه النظرة، وتطور أساليب ونماذج علاجية وإرشادية لمعالجة هذه المشكلة قائمة على هذه التفسيرات.

وتوضح النظرية السلوكية تطبيقات الإشراط الكلاسيكي (Classical Conditioning)لاستخدام المخدرات والإدمان عليها. وتساعد النظرية الشرطية (Conditioning Theory)المتخصصين والمدمنين لفهم مصطلحات التحمل (Tolerance)، والرغبة الملحة(Craving) والانسحاب (Withdrawal). ويفسر الإشراط الإجرائي (Operant conditioning) الدور الهام الذي يلعبه التعزيز في تطور واستمرار سلوك الإدمان، والتعاطي والإدمان على المخدرات هي سلوك مثل أي سلوك آخر متعلم بطبيعته **(Rasmussen,2000).**

وتفسر النظرية السيكودينامية (Psychodynamic Theory) الإدمان على أنه يتطور عندما يتعاطى الأفراد الكحول والمخدرات، لتتولد لديهم مشاعر السعادة، ومشاعر الهروب من الألم. ويمكن أن يدفع الصراع بين الهو (ID)، والأن (Ego)، والأنا الأعلى (Super- ego) الفرد للتعاطي في سبيل التخلص من القلق. ومن مطالب الأنا الاهتمام بالذات وحفظها من الأذى. الاضطرابات الذاتية وهدم الذات من خلال الإدمان هي إشارات لإضعاف مطالب الأنا. والأنا تقوم بتنظيم المشاعرأيضاً **(Rasmussen,2000).**

وبناء على النظرية السيكودينامية، فإن النقص في الاهتمام بالذات (self-care)، والنقص في تقدير الذات (Self-Esteem) وعدم الإحساس بالسعادة عاجزة معا عن السيطرة على المشاعر،

وتسهم في دفع الأفراد للإدمان. والمظاهر السيكودينامية الأخرى لاضطرابات الإدمان تتضمن السلوك القهري و عدم الاستقلالية الذاتية و هدم الذات وعدم المسؤولية وضعف الإرادة و النكوص والمزاج المتغير، ويوظف الأفراد الميكانزمات الدفاعية الأخرى مثل التبرير، والإسقاط لرفض تشخيص اضطرابات الإدمان ومقاومة المعالجة. يؤكد المتخصصون أن الأمراض النفسية تستطيع أن تساعد في تطور الإدمان أو تعرض الأفراد للميل إلى الإدمان. ومن أساسيات الصحة النفسية أن المتخصصين يعالجون عملاءهم من الاضطرابات المزدوجة. والأمراض النفسية يمكن أن توجد مع أو تتبع الإدمان.

تقترح نظرية السمات (Trait theory) أن هناك سمات شخصية خاصة تجعل الأفراد أكثر ميلاً للإدمان، ولا يوجد دليل على بناء شخصية معين يسبق الإدمان، والدراسات التجريبية غير قادرة على تمييز خصائص شخصية محددة للمدمنين، وشخصية المدمن غالبا ما تستخدم لوصف الأفراد غير الناضجين والاعتماديين والقهريين والأشخاص الذين يحبطون بسهولة، والتقارير الحديثة تصف دراسة كندية تابعت (1034) طفلاً في روضة أطفال لأكثر من عشر سنوات لتقييم السمات الشخصية لهم واعتمدت على تقارير استخدام السجائر والكحول والمخدرات وكان نمط البحث عن الأشياء غير المألوفة، وسلوك تجنب الأذى، والنشاط الزائد هي سلوك تنبّئي للتدخين والحصول على المشروب واستخدام المخدرات، ويدعو الباحثون الأباء والمعلمين لبذل اهتمام خاص بالأطفال من حيث هذه السمات (الزراد وأبو مغيصيب،2001).

تركز النظرية السلوكية المعرفية (Cognitive -Behavior Theory) على العوامل البيئية المتنوعة المرتبطة بتطور واستمرار تعاطي المخدرات. وقام المعالجون السلوكيون والمتخصصون الآخرون بتطوير عدد متنوع من الطرق السلوكية لمعالجة حالات الإدمان. وتستهدف النظرية السلوكية المعرفية سلوك تعاطي المخدرات وما يتعلق به من مشكلات سلوكية وانفعالية. ويعد التدريب على المهارات الاجتماعية من أكثر الطرق السلوكية والسلوكية المعرفية استخداما بشكل عام، كما أنها تشتمل على مهارات حل المشكلات والتدريب على التحكم في الغضب، والعلاج المعرفي، والوقاية من الانتكاسة، والعلاج بالتنفير.

ومن الطرق السلوكية المستخدمة في معالجة الإدمان طريقة خفض حالة الطوارئ والتدريب على الإدارة الوالدية، ويشتمل أسلوب إدارة الطوارئ على تعليم الأسرة كيفية التعرف على المشكلات السلوكية والتحكم في المتغيرات التي تؤدي إلى حدوثها، وتقليل الطلبات أو الأوامر السلبية، والتدعيم المنظم للسلوك المرغوب والعمل على تجاهل السلوك السلبي غير المرغوب فيه، وبشكل محدد فإن خفض حالة الطوارئ هو بمثابة تعاقد سلوكي يهدف إلى تعليم الأسر كيفية وضع

عقود سلوكية محددة ويتم دعم النتائج التي يتم الحصول عليها من قبل كل أعضاء الأسرة، كما تركز مهارات الاتصال على خفض وإزالة التفاعلات الأسرية السلبية والإلزامية وتعتبر الطرق السلوكية والسلوكية المعرفية فعالة في معالجة حالات الإدمان (بوكستين، **2000**).

وتلعب العوامل السلوكية المعرفية (Cognitive -Behavior Factors) مثل الوعي بالذات وتوقعات الفرد حول نفسه، ويلعب العزو دوراً في مساعدة المتخصصين والمدمنين على فهم الإدمان، وتفسر نظرية الوعي بالذات التأثير النفسي للإدمان على وعي الفرد بذاته، خصوصا ما يتعلق بالعمليات المعرفية، فمثلاً اعتقاد المراهقين بأن تعاطي الماريجوانا يحسن الذاكرة قصيرة المدى ويخفض التوتر ويزيد من الدافعية ويعطي إحساسا بقيمة الوقت قد يفسر تعاطي المراهقين للمخدرات.

وتشرح نظرية التوقع (Expectancy Theory) وتفسر العلاقة المتوقعة بين تعاطي المخدرات والسلوك الشخصي، والوظائف الاجتماعية، وتفسر هذه النظرية التعاطي المبدئي (الأولي) (Initial use) وخاصة التعاطي بين المراهقين، والتعاطي المستمر (Continued Use)، والانتكاسة(Relapse).

أما بالنسبة لنظرية العزو (Attribution Theory) تهتم هذه النظرية بالطريقة التي يعزو بها الأفراد أسباب سلوكهم الإدماني. ويعزو الأفراد سلوكهم الإدماني إلى مصادر متعددة خارجية وداخلية، والعزو يمكن أن يكون إيجابياً (مثل تقبل المسؤولية الفردية للإدمان) أو سلبياً مثل (لوم الأشخاص الآخرين والأماكن والأشياء) (بوكستين، **2000**).

وتؤكد نظرية إدارة الضغط (Stress- Management Theory) على حاجة الأفراد لخفض التوتر والقلق والذي يرتبط ويسبب الضغط النفسي، ويعبر الأفراد الذين عندهم اضطرابات إدمان عن مستويات عالية من الضغط وربما يكونون أكثر استعداداً من غيرهم للتوتر والضغط، ويلجؤون إلى تعاطي المخدرات لخفض التوتر والقلق والضغط. ويعتبر الأفراد أن مصادر توترهم تتمثل بصعوبات العمل والمشاكل الزوجية، ومشاكل الطفولة، والأفراد الذين يعانون من قلق وتوتر ناتج عن الضغط يرغبون بمساعدة مباشرة. ويلجؤون إلى مساعدة أنفسهم للتخلص من القلق بواسطة استخدام المخدرات، حتى تمارين الاسترخاء (Relaxation Exercises)، والتأمل (Meditation)والتكنيكات الأخرى غير الدوائية (Techniques A nonpharmacological) تحتاج لفترة أطول من المخدرات لتشعر الأفراد بالراحة، ومن هنا يجب على المتعاطين والمدمنين والمعالجين أن يستخدموا علاجات غير دوائية لإدارة الضغط والوقاية من الإدمان (**Rasmussen,2000**).

وتفترض نظرية التعلم الاجتماعي (Social Learning Theory) أن الكفاية الذاتية (Self-Efficacy) تتكون من وتبنى على عوامل شخصية، وعوامل بيئية، وعلى سلوك الأفراد مع الأشخاص الآخرين، ومبادئ التعلم والمعرفة والتعزيز هي مبادئ مهمة في هذه النظرية، وتعاطي المخدرات وسلوك الإدمان هو سلوك متعلم اجتماعياً. وينتج السلوك الهادف من التفاعل بين عوامل البيئة الاجتماعية والإدراكات الشخصية للفرد، وعلى المتخصصين المهتمين بهذه النظرية الإجابة على بعض الأسئلة حتى يستطيعوا أن يتعاملوا مع المدمنين، والأسئلة هي:

> ما هو تاريخ التعلم الاجتماعي للأفراد؟.

> ما هو النظام المعرفي للفرد مثل التوقعات، أو المعتقدات حول تأثير وفعالية التعاطي؟.

> ما هي الاحساسات الاجتماعية والجسدية التي تحدث عند التعاطي؟(Rasmussen,2000)

النظريات الاجتماعية (Sociocultural Theory)

تركز هذه النظريات على دور الأسرة و البيئة و الثقافة والعوامل الاجتماعية الأخرى في تطور وتفسير سلوك الإدمان، ومن بين النظريات الاجتماعية التي تفسر سلوك الإدمان نظرية العائلة/الأسرة (Family Theory) حيث تعارض هذه النظرية بان يكون المرض أو صعوبات الفرد هي مقدمة للإدمان. وتركز هذه النظرية على إسهامات الأسرة في سلوك الإدمان، وكيف تؤثر المشاكل على كل عضو في الأسرة، وما هو تأثير الإدمان على الأسرة كوحدة متماسكة، وتفترض هذه النظرية أن الإدمان هو أحد الطرق التي تستخدمها الأسرة لتلبية حاجات الحياة وتحدياتها، وإن الإدمان وسيلة تكيف مع ظروف الحياة. والسلوك المسموح به وغير المسموح به في الأسرة التي تدعم سلوك الإدمان، والطقوس التي تتبناها الأسرة والقوانين التي تفرضها كلها تساهم في مشكلة الإدمان، كما أن الاتصال غير الفعال والتعبير المحدود عن المشاعر داخل الجو العائلي هي صفات وخصائص للأسر التي تعاني من الإدمان وإن تفاعلات الآباء وتوقعاتهم غير المتناسقة وسلوكهم القسري مع الأطفال تدفع إلى سلوك الإدمان كما أن السلبية والإهمال والغضب هي من مسببات الإدمان.

وعند تطور الاعتمادية وتقدم الإدمان، يصبح الإدمان في هذه الحالة مفرط ويصعب السيطرة عليه، وعندها تصبح استجابات الأسرة خارج السيطرة، وتبدأ الأسرة بالبحث عن زيادة السيطرة، في هذه الحالة يزداد الضغط على الأسرة، فعلى سبيل المثال سعاد زوجة شخص مدمن، تؤمن سعاد بأن كل الأشياء بجانبها أو من حولها هي خارج سيطرتها، عندها تبدأ سعاد لاستعادة السيطرة

المفقودة على سلوك الإدمان عند زوجها، وهذا يجعلها تتناوب بين لوم زوجها المدمن (المريض) أو العمل على إنقاذه، وتسمي سعاد هنا زوجها بأنه مريض، وتتركه لإدمانه وهنا تختل وظيفة الأسرة، وهناك تطبيق واسع لنظرية العائلة في معالجة الإدمان (Rasmussen,2000).

وتؤكد نظرية الأنظمة (Systems Theory) على التفاعل و الاعتماد المتبادل وتكامل أو انسجام الأعضاء في النظام. وبناء عليه فإن كل الأعضاء الذين يعيشون معاً هم عبارة عن أنظمة مفتوحة. والنظام المفتوح (Open System) يحافظ على الاستمرارية ومرتبط مع البيئة، والنظام المفتوح أكثر تميزاً واختلافاً وسيطرةً، في حين أن النظام المغلق (Close System) مستقل عن البيئة ويتحرك باتجاه زيادة الاضطراب. وتصف هذه النظرية الأفراد بأنهم اجتماعيون أكثر من اهتمامها بالناحية النفسية أو البيولوجية، والتفاعل بين البيئة والأفراد أمر مهم وحساس في هذه النظرية، فعلى سبيل المثال إزالة السمية من شخص مدمن في المركز العلاجي تكون معالجة ضعيفة إذا كان لدى الشخص رغبة في العودة إلى بيئة الإدمان (Rasmussen,2000).

ونظرية الأنظمة فعالة مع الأسر المدمنة ومع متعاطي المخدرات والمدمنين، وتستخدم مع الأشخاص المرضى والمختلين وظيفيا في نظام الأسرة، والإدمان مؤشر لاختلال النظام الأسري، والعائلة عبارة عن نظام يلعب دوراً هاماً في بدء وتطور ومعالجة الإدمان، وتهتم هذه النظرية بالأسئلة التالية: كيف يؤثر الشخص المدمن على العائلة ؟ كيف تسهم الأسرة في إدمان أحد أفرادها ؟ كيف يمكن أن تساعد الأسرة في المعالجة ؟ ما المعالجة التي تحتاجها الأسرة ؟. والإدمان على أية حال يخلق فراغاً واختلالاً في نظام العائلة، وتعتبر نظرية الأسرة أنه إذا لم يحل هذا الاختلال (الفراغ) الوظيفي فإن خطر الانتكاسة يكون مرتفعاً، والاختلال الوظيفي في الأسرة يكون مرتفعاً أيضا والمعالجة الفعالة والناجحة تحتاج لأدوار جديدة ومسؤوليات جديدة لكل أعضاء الأسرة (Rasmussen,2000).

وتؤكد نظرية الأنثربولوجيا (Anthropological Theory) على القيم والاتجاهات والمعتقدات والمعايير التي يحملها الأفراد نحو تعاطي المخدرات وسلوك الإدمان. وقد عرفت المجتمعات البدائية واستخدمت العديد من أنواع المخدرات ومع ذلك فإن الإدمان بصورته الحالية لم يكن معروفاً مثل الآن. وتؤكد الأبحاث عبر الثقافية Cross-Cultural (researchs) أن الوظيفة الأولى للمخدرات والكحول في كل المجتمعات هي خفض التوتر، ويوجد هذا غالبا في المجتمعات غير المستقرة والمختلة وظيفيا والمتغيرة (Rasmussen,2000).

وتقترح نظرية البوابة (Gateway Theory) أن تعاطي العقاقير المسموحة وغير المسموحة هو البوابة والمدخل والطريق لتعاطي المخدرات الحقيقية، ووجدت العديد من الدراسات وخاصة التي

قامت على المراهقين أن تعاطي التوباكو والكحول يقود للتعاطي والإدمان على المخدرات الأخرى، والتقدم يحصل في البداية بتعاطي التوباكو والكحول ثم بتعاطي الأنواع الأخرى من المخدرات، وفي النهاية المخدرات الصعبة مثل الأفيونات (Hard Drug).

وتهتم النظريات الاقتصادية (Economic Theories) بالتكاليف الاجتماعية للإدمان المفرط، والعنصر الاقتصادي في سياسات الحكومات يهدف إلى تغيير عادات الاستهلاك، وقد درست النظريات الاقتصادية العوامل المؤثرة في سلوك الاستهلاك والإدمان على المخدرات وكيف ترتبط مشكلة الإدمان مع مستويات الاستهلاك ونموذج الاستهلاك والاستهلاك المرتبط مع المخدرات. والاعتمادية والإدمان عنصران مهمان في الجوانب الاقتصادية(**Rasmussen,2000**).

النظريات الفسيولوجية

يفسر كثير من الباحثين أسباب الإدمان إلى عوامل ونظريات فسيولوجية ومن بين هذه النظريات على سبيل المثال : النظرية الغذائية التي ترى أن الأفراد يرثون الحاجة إلى بعض المواد الغذائية، فإذا بدأ هؤلاء بتعاطي الكحول أو المخدرات، فإن قابليتهم للمواد الغذائية تضعف مما يؤدي إلى قصور غذائي، واضطرابات عضوية وظيفية تنتهي باعتماد الجسم في تغذيته على الكحول أو المخدرات.

وترى النظرية الاستقلابية أن الكحول يتأكسد في الكبد، وتتسارع عملية الأكسدة إذا تم استهلاك الكحول بشكل مستمر، وسرعة الاستقلاب هي التي تؤدي إلى حاجة الفرد إلى زيادة الجرعة وبالتالي الإدمان، وتشير هذه النظرية إلى أن كبد الفرد المدمن على الكحول يقوم وظيفياً باستخلاص مواد كيميائية تساهم في عملية الإدمان.

وترجع نظرية الغدد الصماء الإدمان إلى خلل في إفرازات الغدد الصماء التي تعمل على تنظيم وظائف الجسم، وتتشابه أعراض هذا الخلل مع أعراض مدمني المخدرات.

وهناك نظرية تكيف الجهاز العصبي، أي تكيف الخلايا وظيفياً مع المادة التي يتعاطاها المدمن، وهذا التكيف هو الذي يؤدي بالخلايا لمقاومة مفعول المخدر الذي يتم تعاطيه لفترة طويلة، وهذا التكيف العصبي هو الذي يسبب الإثارة العصبية والآلام الجسمية أو أعراض الانسحاب عند انقطاع المدمن بشكل مفاجئ عن المادة التي يتعاطاها.

وترى نظرية الاضطراب في سوائل الجسم أن تعاطي الكحول يسبب تغيراً مؤقتاً في سوائل الجسم، وفي توازن الماء، ونقصاً في السوائل داخل الخلايا، مما يؤدي إلى الإحساس بالعطش لدى

مدمن الكحول، ومع استمرار تزايد الكحول يتزايد عدم التوازن في سوائل الجسم مما يخلق الحاجة إلى مزيد من تعاطي الكحول لتعديل عدم التوازن، ويعتقد بعض الأطباء بأن الاضطراب في بعض العناصر الموجودة داخل سوائل الجسم يؤدي إلى تعاطي المزيد من الكحول (الزراد وأبو مغيصيب،2001).

التكاملية في النظريات Integration of theories

نظراً لوجود عدد من النظريات المختلفة لتفسير الإدمان، ظهرت النظرية التكاملية التي تجمع بين العناصر النفسية والسلوكية المتنوعة والنظريات البيولوجية ذات العلاقة بتفسير هذه الظاهرة، وهي تستند على وجود دليل يشير إلى أن التعاطي يحدث نتيجة التفاعل المعقد بين العوامل النفسية، والعلاقات الاجتماعية، والتأثيرات البيئية الأخرى، والعوامل البيولوجية التي تؤدي إلى وجود مستوى لإمكانية حدوث التعاطي، وقد تتفاوت نسبة تأثير هذه العوامل، ويتضح ذلك من خلال النتائج، فالبيئة المناسبة مع وجود عجز بيولوجي شديد قد يؤدي إلى زيادة احتمالية حدوث التعاطي والإدمان.

من هنا نرى أن كل نظرية من النظريات المفسرة للإدمان حاولت استكشاف جزء من الخلل الذي يؤدي بالفرد إلى تعاطي المخدرات والإدمان عليها. حيث ظهر وجود بعض أنواع الخلل البيولوجي التي تؤدي إلى ذلك، والبيئة تلعب دوراً مهماً وضرورياً، كما أن العوامل الداخلية والدوافع النفسية لها دورها في الإدمان على المخدرات وتعاطيها(بوكستين، 2000).

أسباب تعاطي المخدرات

إن تطوير برامج وقائية وعلاجية هادفة لمشكلة الإدمان وتعاطي المخدرات يتطلب فهماً واسعاً للأسباب والعوامل التي تؤدي إلى تعاطي المخدرات، والإدمان عليها، مع الاهتمام بالمرحلة العمرية التي يحدث فيها التعاطي والظروف البيئية والعوامل والطرق والوسائل المسببة للإدمان. . (Peters & McMahon, 1996) وبحث العاملون في ميدان الإدمان كثيرا في الأسباب والعوامل التي يمكن أن تؤدي إلى سلوك الإدمان ويشير هوارد (Howard, 1999) إلى أن هناك عدة عوامل تدفع إلى سلوك الإدمان ومنها: الرغبة الملحة أو الاضطرار وفقدان السيطرة والرغبة في الاختلاف عن الآخرين في المجتمع.

ويتجه الأشخاص غالبا إلى تعاطي المخدرات كونهم يعتقدون بأنها تساعدهم في الشعور بالسعادة. وهناك أغراض أخرى يسعى المتعاطون إلى تحقيقها عن طريق المخدرات مثل: التخلص من

الانفعالات والمشاعر غير المرغوب فيها و اجترار خبرة جديدة ومثيرة وإشباع رغباتهم في التأثير على الآخرين. وأصبح تعاطي المخدرات ظاهرة اجتماعية، يسلكها الأفراد ليس للشعور بالسعادة فحسب، إنما للشعور بالتحرر أيضا. وعندما يسأل الأفراد عن سبب التعاطي يجيبون بأنه نمط حياة جديد، وليس مجرد سلوكاً شاذاً وما هو إلا رفضاً للتقليد وللتطابق مع الآخرين، والبحث عمّا هو جديد ومثير ومختلف عن الآخرين (Segal,1988).

وأجرى رونالد وجون (Ronald & Joan,1989) دراسة هدفت إلى التعرف على الاسباب التي تؤدي إلى تعاطي المخدرات عند المراهقين، وتكونت العينة من (343) مراهقاً وقد تم جمع البيانات من خلال المقابلات الشخصية معهم وأظهرت نتائج الدارسة أن تدني مفهوم الذات والإهمال الوالدي والانحراف هي مسببات زيادة سلوك تعاطي المخدرات عند المراهقين، واقترحت هذه الدراسة أن علاج الإدمان يجب أن يستفيد من الإرشاد النفسي والتركيز على التدريب على المهارات الاجتماعية والمهارات التكيفية والعلاج الأسري.

أشار بيترز ومكماهون (Peters, McMahon, 1996) إلى العوامل التي تشجع على تعاطي المخدرات والإدمان عليها، حيث أكدا على أن تعاطي المخدرات ينتج عن العديد من العوامل والمتغيرات، إذ لا يوجد عامل أو متغير واحد يقود إلى تعاطي المخدرات عند الأفراد، وأشار الباحثان إلى أهم العوامل التي تدفع الأفراد إلى تعاطي المخدرات والتي تعتبر هي العوامل المؤثرة والمؤدية إلى تعاطي المخدرات وإساءة استخدامها، وتم تقسيم العوامل إلى ثلاث مجموعات:

المجموعة الأولى: وهي العوامل الثقافية الاجتماعية (Sociocultural Factors).

المجموعة الثانية: هي العوامل الاجتماعية (Social Factors).

المجموعة الثالثة: هي العوامل الشخصية (Personal factors).

المجموعة الأولى: العوامل الثقافية الاجتماعية (Sociocultural Factors): تتضمن عدداً من العوامل الفرعية ومنها:

- العوامل الأساسية (Background) وهذه العوامل تدفع لتعاطي المخدرات.

- العوامل الديمغرافية مثل الجنس والعمر والطبقة الاجتماعية.

- عوامل الإثارة الحسية مثل البحث عن التمرد والإثارة.

- العوامل الثقافية مثل البحث عن الهوية والتبادل الثقافي (Acculturation).

- العوامل البيئية مثل توفر المخدرات، وقرب مصادر المخدرات من المجتمع.

المجموعة الثانية: العوامل الاجتماعية: وتتضمن هذه المجموعة:

- عوامل البيئة المدرسية: مثل حجم المدرسة ومناخ المدرسة وقوانين المدرسة.

- عوامل أسرية: مثل الممارسات الأسرية والاتصال داخل الأسرة.

- عوامل الضبط والمراقبة .

- اتجاهات الوالدين نحو تعاطي المخدرات

- وتعاطي الوالدين للمخدرات

- وسائل الإعلام تساهم أيضا في تشجيع الاتجاهات نحو تعاطي المخدرات مثل التلفاز والسينما والفيديو والإعلان عن الكحول والتوباكو وذلك من خلال الإعلانات.

- تأثير الرفاق يسهم في تعاطي المخدرات مثل الأصدقاء من المتعاطين.

المجموعة الثالثة: العوامل الشخصية: وتتضمن :

- التوقعات المعرفية للأفراد مثل الاتجاهات والمعتقدات والمعايير، والمعرفة حول تأثير الإعلانات عن تعاطي المخدرات.

- الأسباب الشخصية العامة مثل مهارات الإدارة الذاتية للفرد والمهارات الاجتماعية للفرد ومجموعة المهارات الخاصة بمقاومة التأثيرات الاجتماعية لتعاطي المخدرات من وسائل الإعلام والرفاق .

- العوامل النفسية مثل الكفاءة الذاتية و تقدير الذات و مفهوم الذات و التكيف النفسي والإحساس بالسيطرة على الذات و تفهم ظروف الحياة ويوضح الشكل رقم (6) المجموعات الرئيسة والعوامل الفرعية التي تسبب الإدمان (Peters, McMahon,1996).

العوامل الثقافية الإجتماعية	العوامل الإجتماعية	العوامل الشخصية
العوامل الديمغرافية - الجنس - العمر - الطبقة - الدين	عوامل المدرسة - التحصيل - تقدير المدرسة - مناخ المدرسة	التوقعات المعرفية - الإدراك غير الملائم لتعاطي المخدرات - تعاطي الوالدين للمخدرات - مستويات إنتشار المخدرات - الإتجاهات نحو تعاطي المخدرات
العوامل الحيوية - البحث عن الإثارة - البحث عن التمرد	العوامل الأسرية - البناء الأسرى / إدارة الأسرة - الإتصال داخل الأسرة - مراقبة الوالدين للتعاطي - إتجاهات الأسرة نحو المخدرات	المهارات الشخصية - صنع القرار / حل المشكلة - إدارة الضغط / إدارة التوتر - السيطرة الذاتية - تحديد الأهداف
العوامل الثقافية - التبادل الثقافي - البحث عن الهوية	تأثير وسائل الإعلام - نماذج تعاطي المخدرات - الإعلانات عن المخدرات	المهارات الإجتماعية - مهارات الإتصال - مهارات توكيد الذا - البحث عن الدعم - مهارات الرفض
البيئة - الدعم الإجتماعي - المعايير الإجتماعية - الإنحلال الإجتماعي - توفر المخدرات	تأثير الرفاق - الأصدقاء من متعاطي المخدرات - إتجاهات الأصدقاء نحو تعاطي المخدرات	العوامل النفسية - الكفاءة الذاتية - مفهوم الذات / تقدير الذات - القهرية - التكيف النفسي - تقبل فرص الحياة

الشكل (6) المجموعات الرئيسة و العوامل الفرعية التي تسبب الإدمان .

المصدر : (Petera & McMahon, 1996)

ويقسم الحديدي (2001) الأسباب المؤدية إلى انتشار المخدرات وتفشي الإدمان إلى أربع مجموعات هي: دور المنتج والتاجر والموزع و دور المتعاطي و خصائص المادة المخدرة ودور المجتمع، وسيتم الحديث عن دور المتعاطي، وخصائص المادة المخدرة، ودور المجتمع.

دور المتعاطي: يقول العاملون في هذا المجال أن هناك عوامل في شخصية الفرد، تجعل بعض الأفراد أكثر استعدادا للإدمان من غيرهم، وذكرت عوامل متعددة لكن أهمها العامل الوراثي، وشخصية الفرد المتعاطي التي تعتمد أيضا إلى حد ما على العامل الوراثي بجانب الأمور المكتسبة أثناء تطور الفرد .

ويلعب العامل الوراثي دوراً مهماً كسبب في تفسير الإدمان، وهناك الكثير من الأبحاث تميل نحو تأييد بعض العوامل الوراثية كسبب في تفسير منشأ الإدمان، وخاصة بالنسبة للإدمان على الكحول، ففي إحدى الدراسات التي أجريت في السويد تبين أن معدل إدمان الكحوليات داخل أزواج التوائم المتماثلة يبلغ حوالي ضعفي معدل الانتشار بين أزواج التوائم غير المتماثلة، مما يشير إلى احتمال أن العامل الوراثي يلعب دورا في هذا الشأن، وأجريت دراسات أخرى كثيرة على حالات التبني، وتشمل هذه الدراسات اخذ أطفال منحدرين من أباء مدمنين، تبنتهم عائلات لا يتفشى فيها تعاطي الكحوليات،فقد وجد أن نسبة الإدمان عند هؤلاء الأطفال مرتفعة عندما يصلون إلى سن تؤهلهم لذلك، واستنتجت هذه الأبحاث أن التفسير المنطقي لذلك هو عامل الوراثة، وليس هذا فقط، فقد أثبتت بعض الدراسات على الحيوانات، أن إعطاء أحد العقاقير مثل الأفيون أو الكحول للفئران للوصول بها إلى حالة الإدمان، وجد أن سلالات هذه الفئران تميل إلى الحصول على هذه المخدرات والإدمان عليها.

ويذكر علماء النفس والاجتماع أن شخصية الإنسان تعد أحد العوامل التي تدفعه للتعاطي ومن ثم الإدمان، وقد وصف العلماء نماذج كثيرة لشخصيات يمكن أن تدمن على المسكرات أو المخدرات، فمثلا الشخصية التي تعاني من القلق والتوتر كثيرا ما تجد في الخمور والمسكنات هربا من الواقع، ومنها الشخصية المنقادة غير المستقلة، والتي تنقاد إلى الرفاق المتعاطين، فيتبعونهم دون وعي لكي يخفوا ضعفهم، ومنها شخصية المعتل جنسيا الذي يؤمن أن المسكنات والمخدرات تكسر حاجز الخوف وربما تقوي الممارسة الجنسية، ومنها الشخصية المتمردة المحبة للذات التي تتمرد على كل القواعد وعلى الأسرة والمجتمع .

وكذلك تدفع الاضطرابات النفسية من توتر وقلق واكتئاب وإحباط الفرد أحيانا لإيجاد مهرب من ذلك، وتحت ظروف كثيرة مثل دور العصابات المنتجة والموزعة والمهربة، وفي غياب دور الأسرة والمدرسة والتربية والدين، تنتشر المخدرات، وتتفشى ظاهرة الإدمان، وهذه الظروف النفسية التي

غرق فيها شباب اليوم من فشل في تحقيق الأهداف وحرمان، وفي وسط الفروق الاجتماعية الصارخة والإحساس بالدونية، ربما مثلت بعض أهم الأسباب للتعاطي والإدمان.

وبالنسبة للمرض الجسدي تنتج شركات الأدوية في جميع أنحاء العالم آلاف الأنواع المختلفة من العقاقير، بعضها يخفف آلام الأمراض، وبعضها يساعد على النوم، وأقراص منشطة، وحبوب تقلل الشهية، وأخرى مهدئة، وللآسف الشديد يبدأ استعمال هذه الأدوية بالاعتماد عليها ثم عدم الاستغناء عنها، وأخيراً الاعتماد أو الإدمان (الحديدي، **2001**).

المادة المخدرة: لقد أصبحت العقاقير التي تحدث الإدمان كثيرة جداً، وأنواع المخدرات التي يمكن أن تؤدي إلى الإدمان متعددة ومختلفة أيضا. ولقد أثبتت الدراسات المختلفة أن قدرة كل عقار على إحداث الاعتماد تتفاوت، ففي حين يؤدي تعاطي الهيروين مرات قليلة ومتتابعة للإدمان، قد يحتاج الأمر ا أشهر للتعود على أنواع أخرى. أما الخمور فقد يتعاطاها الفرد لسنوات قد تصل إلى العشر قبل أن يحدث الاعتماد، وكذلك توفر المادة المخدرة للمستهلك يشجع على التعاطي وهذا ينطبق على الخمور واستهلاكها، حتى في كثير من الدول تتنافس الشركات المنتجة في إخراجها بكل صور الإغراء، شكلا ونوعا وطعما وثمناً، وتروج لها بكل طرق الدعاية وما يقال عن الخمر يقال عن التبغ، أما المخدرات فنجد أن نسبة التعاطي لكل نوع منها يعتمد على توفره وبالأسعار التي تمكن الجميع أغنياء وفقراء، من شرائها، فالحشيش أكثر تداولا من المورفين، وحيث أن معظم المخدرات النقية كالهيروين والمورفين غالية الثمن جدا، فحتى تنتشر ويستعملها الجميع، يتم غشها بخلطها مع الكثير من المواد التي تزيد من ضررها وأذاها على الصحة العامة .

وتعتبر نظرة المجتمع للمادة المخدرة وكيفية تعامله معها من الأسباب المؤدية إلى الإدمان، ففي الوقت الذي تتسامح فيه أغلب الدول نحو الخمور، بل تعتبر الخمور في الدول الأوروبية نوعا من الموروث الثقافي واحد مظاهر التلاقي الاجتماعي، فتشرب الخمور من قبل الغالبية العظمى من أفرادالمجتمع يوميا، وأحياناً بكميات غير معتدلة وفي الدول الإسلامية يكون التدخين وشرب القهوة والشاي، أكثر تداولا لأن المجتمع يقبل هذه العادات ولا يجد في الإكثار منها أي حرج أو خروج عن المألوف و الشيء المهم جدا أن أفراد المجتمع لا يرون آثار الإدمان بالنسبة للتدخين إلا بعد عشر سنوات أو عشرين سنة، وهذا أيضا ينطبق على الخمور وبالتالي فإن كثيراً من أفراد المجتمع لا يشعرون إلا بالآثار الآنية، لا البعيدة وهذا لا ينطبـــق على الأفيـــون أو المورفين أو الهيـــروين (الحديدي، **2001**).

دور المجتمع : هناك دور هام للأسرة والمدرسة والتربية، ولا توجد دراسة واحدة سواء في أمريكا

أو أوربا أو في مجتمعاتنا العربية، إلا وقد أثبتت وجود علاقة قوية جدا بين شيوع التعاطي والإدمان، وبين ما يحدث في الأسرة نفسها. فالأسرة المفككة، والصراعات بين الأم والأب، وانتهاء دور الأبوة في الرعاية والانشغال في البحث عن لقمة العيش إذا كان فقيرا أو البحث عن اللذة المحرمة والربح المادي إذا كان غنيا، وأم تركت بيتها لخادمة أو مربية وابتعدت عن أبنائها لأسباب مختلفة، وغياب القدوة الحسنة، بل تحولت القدوة وهو الأب أو الأخ الأكبر في كثير من الأحيان إلى مدمن على الخمور أو المخدرات ليعطي مثلا حيا لباقي العائلة.

ويعتبر غياب الوازع الديني عاملاً أساسياً في التعاطي والإدمان، فقد حرمت الشرائع السماوية المخدرات، ولاشك أن الوازع الديني الصحيح هو الوسيلة الأكثر نجاحا في تقويم الفرد، وتقويم الأسرة، وتقويم المجتمع ككل (الحديدي، 2001).

الفصل الرابع

الأسرة والوقاية من الإدمان

- × الأنشطة والوقاية من الإدمان
- × التدخل الوقائي للأسرة
- × برامج الوقاية من الإدمان

الفصل الـرابع

الأسرة والوقاية من الإدمان

تلعب الأسرة دوراً هاماً في مساعدة أبنائها في العلاج النفسي والاجتماعي، وفي منع الانتكاسة للأفراد المتعافين من الإدمان على المخدرات. وبينت الدراسات أن الأبناء يكونون أكثر عرضة للوقوع في الانتكاسة عندما تفشل الأسرة في الحفاظ على التواصل معهم من خلال النشاطات التدعيمية العلاجية الأسرية مثل التربية والإرشاد والمساعدة الذاتية، أما الأسر التي تتواصل وتندمج مع أبنائها، ففي هذه الحالة يكون الوقوع في الانتكاسة عند الأفراد المتعافين أقل بكثير، وعندما تشترك الأسرة في عمليات العلاج، فإنها تساعد وتدعم بشكل كبير في التعافي من الإدمان، وتؤكد على العوامل التي تساهم في المعالجة، واندماج الأسرة في العلاج يفيد أكثر من مجرد تقديمها الدعم لأعضاء الأسرة المتأثرين بالمخدرات، والأسرة التي تشترك في الخطة العلاجية للإدمان تساعد أبناءها في التعرف على الإشارات التحذيرية للانتكاسة، وتساهم في دعم الجهود للامتناع عن التعاطي، ومشاركة الأسرة في العلاج تعطي أعضاء الأسرة فرصة لمعالجة الآلام الانفعالية التي يختبرونها نتيجة للإدمان على المخدرات (Kenneth & Thomas & Michael, 2001).)

أثر لإدمان على أسرة المدمن

الإدمان ليس مرضا شخصيا خاصا بمريض الإدمان فقط، بل يمتد في تأثيره إلى الأسرة، فهو مرض الأسرة أيضا، وينبغي أن يترافق علاج المدمن مع علاج للأسرة حتى يؤتي التدخل العلاجي نتائجه.

ومن المعتاد أن الأسرة لا تعرف طبيعة الإدمان كمرض، بل وتجهل طبيعة ذلك المرض ولا تفهم كيف يتعلق المدمن بالمخدر، ويعطي الوعود بالتعافي، وكيف ينتكس، وتقارن الأسرة بينه وبين أعضاء الأسرة غير المرضى، وعادة ما تكون المقارنة في غير صالح المدمن والأسرة معا فتظهر خصائص الإدمان المصاحب في الأسرة ويقصد بالإدمان المصاحب تلك الاضطرابات النفسية والسلوكية التي تظهر على أفراد الأسرة نتيجة التفاعل اليومي المباشر والمستمر مع عضو مدمن فيها.

والإدمان سلوك يقلل الجوانب الإيجابية والطيبة في الشخصية، ويسبب الارتباك والحيرة، فتعاني الأسرة من الخجل، وتميل إلى العزلة، وتجنب العلاقات الاجتماعية، تماما مثل المدمن فهو يعاني من نفس المشاعر، وتميل الأسرة إلى حماية نفسها بالصمت والتكتم، بل وفي بعض الحالات تنكر الأسرة إدمان أحد أعضائها، ويظهر هنا ما يعرف بالتمكن، حيث يحصل المدمن على مساعدات مادية من الأسرة تعينه على الاستمرار في إدمانه وتعتقد بعض الأسر أن زواج المدمن يمكن أن يحل مشكلة الإدمان، أو حصوله على سيارة وما يماثل ذلك من أساليب إرضاء وحماية غير صحية تقوم بها الأسرة .

وفي حالات أخرى ترجع الأسرة إدمان أحد أفرادها إلى تأثير أصدقاء السوء، أو لوجود مشكلات زوجية، أو مشكلات في العمل، أو في الدراسة، وذلك الإنكار الأسري في حاجة إلى تدخل علاجي لان المشكلة المحور لن تحل بمثل تلك التدخلات الأسرية وتبدو آثار الإدمان في الأسرة على آباء المدمنين وأمهاتهم، وعلى الزوجات، والاخوة، والأبناء صغار السن، وربما يتسبب إدمان أحد أفراد الأسرة في ظهور مشاعر الانفصال تحت تأثير الوعود المتكررة من المدمن بالتوقف وعدم قدرته على التعافي بمفرده، فتظهر حالة من فقدان الثقة فيه ورغبة الأسرة في عزل المدمن أطول مدة ممكنة في المستشفى للعلاج أو في أماكن العزل الاجتماعي المتاحة في المجتمع.

وهكذا نرى اضطراب الحياة الاجتماعية في أسرة المدمن، واضطراب الأدوار فيها، وقد يصل الأمر في بعض الحالات إلى التصدع والتفكك الأسري نتيجة إدمان الأب أو الزوج أو أحد الأبناء.

الأسرة والوقاية من الإدمان

أثبتت الدراسات التي أجريت من قبل المختصين كل في مجاله أن تأثير الأسرة يعتبر العامل المهم والأساسي في انحراف أبنائها عن الطريق المستقيم، وتتمثل تلك العوامل في عدة نواح مهمة جدا في حياة كل فرد :

1- غياب الرقابة الأسرية عن الأبناء.

2- التدليل الزائد وعدم المتابعة للأبناء.

3- الإهمال الزائد وعدم مراعاة شعورهم وتلبية حاجاتهم النفسية.

4- القسوة الشديدة في السلوك التربوي والتي تجعل الأبناء يبحثون عن ملجأ آخر يتنفسون فيه.

ويمارس الأفراد اعتقاداتهم الخاطئة بعيدا عن أعين ذويهم، ويعزز ذلك افتقاد الوازع الديني القوي الذي يكون بمثابة الرقيب الذاتي في داخل كل فرد، ووجود عدد من أصدقاء السوء الذين

يحثون على المعاصي تحت مسميات كثيرة منها الاستمتاع واثبات الذات والاستقلال عن الأهل والحرية الشخصية.

وقد كثرت الدراسات في بيان العوامل التي تدفع الأفراد لتعاطي المخدرات وهي كثيرة وأهمها هو تغيير واقع سيئ والتخفيف من صعوبة الظروف الاجتماعية وذلك حسب اعتقاد الشخص المتعاطي.

يعتبر الأباء والأمهات القدوة والنموذج لأبنائهما حتى لو لم يقصدوا فعل ذلك. ويتكلم الأبناء ويتحركون كما يتحرك آباؤهم ويتكلمون، ولذا يمكن استخدام هذه الاستراتيجية في وقاية أبنائهم من خطر تعاطي الخمور والمخدرات، فمن خلال تحلى الأم والأب بالخلق والتدين السليم فإنهم يحفظون أبناءهم من السلوك المنحرف ومن تعاطي المخدرات.

إن امتناع الآباء عن تعاطي الخمور والحشيش والمخدرات، هو عامل أساسي في وقاية ابنائهم. قال تعالى " وليخش الذين لو تركوا من خلفهم ذرية ضعافا خافوا عليهم فليتقوا الله " صدق الله العظيم .. إن تجنب استخدام هذه المخدرات من قبل الأب وألام يعطيهم القدرة على إقناع الأبناء بعدم التورط في هذه المشكلة.

ويتعرض الأبناء دائما إلى الضغوط من قبل أصدقائهم، وتهدف تلك الضغوط إلى التزامهم لأحكام الجماعة حتى يكونوا مقبولين منها، ونهتم جميعا بنظرة الناس لنا ونسعى أن نكون مقبولين من الآخرين، وكلما اقترب الأبناء من سن المراهقة أصبح ضغط الأصدقاء أقوى وازداد تأثير الأصدقاء على معتقداتهم، وسلوكهم، وطريقة تعاملهم، وقد تشجع تلك الضغوط على تعاطي المخدرات، ويجاري هؤلاء الأبناء الذين يمرون بمرحلة النمو والبحث عن مبادئ للانتماء هم أكبر منهم سنا ويؤدي ذلك إلي قبولهم لضغوط هؤلاء عليهم.

يؤدي قبول الأبناء لآبائهم وعدم وجود أي انحرافات في نموذج الآباء، إلى تأثرهم بشخصية الآباء وثبات معتقداتهم وقدرتهم على اختيار الأصدقاء وتحمل ضغوطهم لتعاطي أو لتجربة المخدرات.

لذلك فإن تعليم الأبناء الاعتماد على أنفسهم والثقة في قراراتهم المبنية على تحمل المسؤولية، وعدم الانحراف خلف قرارات الآخرين هو العامل الأساسي الذي سوف يجعلهم يرفضون تعاطي المخدرات حتى لو تعاطاها كل أصدقائهم، ولكي يتخذ الأبناء قرار عدم تجربة المخدرات باقتناع فإن الآباء يستطيعون تأكيد ذلك من خلال :

1- تعليم الأبناء الحقائق والمخاطر الناجمة عن تعاطي المخدرات.

2- تعليمهم المبادئ الأساسية للصحة العامة وطرق حماية أنفسهم وأهمية ذلك للحياة الصحية السليمة.

3- إظهار حرمة تجربة وتعاطي المخدرات وأثرها على النفس والمجتمع وتذكيرهم بكل ما جاء من آيات عن الخلق السليم والحفاظ على النفس، ويأتي الامتناع عن تعاطي المخدرات كسلوك ديني عام يهدف إلى منع حدوث الانحرافات السلوكية عامة.

4- وضع حدود لسلوك الأبناء ويجب عدم السماح بتخطي هذه الحدود، فلا يجوز مثلا للأبناء تعاطي الحشيش أو الخمور، مما قد يؤدي بهم إلى الانهيار وإلى تعاطي الهيروين.

5- مساعدة الأبناء على اكتساب المهارات التي ترفع من قدراتهم المعرفية فتساعدهم على الثقة في أنفسهم وعدم السعي إلى خلق أوهام من خلال حصولهم على الثقة في النفس نتيجة لتقليدهم للآخرين.

ويحتاج ذلك من الأسرة أن يكون لها سياسة تربوية واضحة، فالتزام الأب والأم بالحدود الدينية السليمة وعدم تخطيهم لهذه الممنوعات هو أساس لسياسة أسرية سليمة. إن ذلك يجعل التزام الأبناء ليس نابعا من سلطة الأب والأم، ولكن من اللـه الخالق العليم والتزام الآباء يجعل التزام الأبناء مبدأ لا مناص منه وهو خير دفاع يمكن إعطاؤه للأبناء لوقايتهم من ضغوط المجتمع، كما أن العقاب الذي سوف يحدث يجب أن يكون واضحا للأبناء. ويكون التنبيه إليه من خلال الحديث الإيجابي (الشرقاوي،1991)

دور الأسرة الأساسي

تعتبر الأسرة المجتمع الإنساني الأول الذي يمارس فيه الفرد أولى علاقاته الإنسانية ولذلك فهي المسؤولة عن اكتساب الفرد لأنماط السلوك الاجتماعي، ويكتسب الفرد من خلال الأسرة القيم والمعتقدات والعادات، لذا تأتي الأسرة في مقدمة المؤسسات التي تساهم في تنشئة الفرد (الشرقاوي،1991).

والأسرة مؤسسة تربوية لها دورها الأساسي في التربية والتعليم، فهي الركيزة الأولى لبناء شخصية الفرد وهي الحاضن الأول والمصدر الرئيسي لرعاية الأفراد وتنشئتهم، وهي الوحدة والخلية الاجتماعية الأولى والاهم في تشكيل وسلامة حياة الإنسان فلابد أن يكون الآباء والأمهات قدوة حسنة للأبناء يقول صلى اللـه عليه وسلم: يولد المولود على الفطرة فأبواه يهودانه أو ينصرانه أو يمجسانه .

وهذه بعض الخطوات التي تعمل على حماية الأفراد من السقوط في هاوية المخدرات.

أ. تمسك الوالدين بالنواحي الدينية والمبادئ الأخلاقية وحث الأبناء على السلوك الجيد.

ب. يجب أن يكون سلوك الآباء متزنا خاليا من تناقض الأقوال مع الأفعال.

ج .يجب توفير الجو العائلي الذي يتصف بالهدوء والثبات وإشباع حاجات الأبناء النفسية والمادية.

د. تنمية روح الاستقلالية والاعتماد على النفس في الأطفال مما يساعدهم على تكوين ثقتهم بأنفسهم مع إشعارهم بالتقدير والاحترام.

ع. الاهتمام بصداقات الأبناء وشغل أوقات فراغهم بما يفيد.

هـ التربية المتوازنة والابتعاد عن الاتجاهات الوالدية الخاطئة في التربية والتنشئة الاجتماعية الإهمال، القسوة، الطموح الزائد، التسامح الزائد، الحماية الزائدة .

و الحفاظ على كيان الأسرة من التفكك وتجنب المشاكل والخلافات الحادة أمام الأبناء مما يدفع الأبناء إلى الهروب والابتعاد عن البيت ومصاحبة رفقاء السوء.

دور الام في الوقاية من الإدمان

تلعب الام دورا جوهريا في عملية التنشئة الاجتماعية بالنسبة للفرد خاصة في سنوات حياته الأولي، فهي الكافلة الأولي لكل رغباته والمعين الأول لكل حاجاته، وبالتالي فهي صاحبة دور رئيسي في إشباع حاجات الفرد الأساسية وعن طريق هذا الإشباع يحصل الفرد على حاجاته من الأمن الذي هو درع الوقاية من انحرافه أو جنوحه، ولذلك فان رعاية الام للفرد في مراحل حياته الأولي تساهم في خلق شخص خال من التوترات والقلق والصراعات، ويساعد ذلك بدوره على تكوين علاقة حميمة بين الام وطفلها تسمح لها بإصدار توجيهات وإرشادات وخبرات للفرد عن أضرار المخدرات وتعاطيها، مما ينمي في الابن وعيا سلوكيا يجعله يبتعد عن هذه المواد المخدرة عندما يكبر ويصبح شابا (الشرقاوي، 1991).

دور الأب في الوقاية من الإدمان

لا يقتصر دور الأب على الإنفاق والكسوة وتوفير أسباب المعيشة وانما يتعدى ذلك لتهيئة الجو النفسي لكي تتفرغ الام تفرغا كاملا لمهام الأمومة، وإذا كانت وظيفة الأسرة هي إعداد الطفل للعيش في العالم الكبير فان الآباء هم الأوصياء على الطفل والمسؤولين عن إعداده لحياة الكبار

الراشدين، ويأتي ذلك من خلال تربية الفرد وامداده بالإرشادات والخبرات التي تبرز القدوة الصالحة في المواقف التي يمر فيها الفرد في مراحل حياته الأولى.

ويكتسب الطفل من الأسرة القيم الدينية والأخلاقية التي تشكل معايير السلوك المقبول والسلوك غير المقبول، من هنا يأتي دور الوالدين في الامتناع عن أنماط السلوك غير المقبول، وعلى الوالدان تعليم الفرد القيم الدينية والأخلاقية التي تساعد الفرد على الامتناع عن السلوك غير المرغوب فيه مثل سلوك تعاطي المخدرات، وبالتالي يصبح للوالدين دور بارز في وقاية الفرد من تعاطي المخدرات.

ويتشكل دور الآباء من خلال

1. تعريف الأبناء بالمخاطر الناجمة عن استخدام العقاقير والمخدرات.

2. تعليم الأبنء المبادئ الأساسية للصحة العامة وطرق حماية أنفسهم وأهمية ذلك للحياة الصحية السليمة.

3. إظهار حرمة تجربة تعاطي المخدرات وأثرها على النفس والمجتمع وتذكيرهم بكل ما جاء من آيات عن الخلق السليم والحفاظ على النفس.

4. أن يكون هناك حدود لسلوك الأبناء وعدم السماح بتخطي هذه الحدود.

5. مساعدة الأبناء على اكتساب المهارات التي ترفع من قدراتهم المعرفية فتساعدهم على الثقة بأنفسهم (الشرقاوي،1991).

في بيتنا مدمن

أصبحت قضية انتشار المخدرات والإدمان عليها تدق ناقوس الخطر علي شبابنا، حيث بدأت تلك السموم تنخر في البنيان الاجتماعي، ووجدت طريقها إلى عقول شبابنا فأصبحت كالإيدز في تحطيم الجسم والنفس مما يهدد الشباب وهم رجال المستقبل وعدته فيجعل منهم شبابا بلا عقل ولا رجوله، ليصبحوا فريسة سهلة للضياع والانحراف، ومن هذا المنطلق لا يجدي بنا أن ندفن رؤوسنا في الرمال بل يجب نواجه الواقع ونسخر كل إمكانياتنا وجهودنا للحد من انتشار المخدرات في مجتمعنا.

من أين تبدأ الكارثة

في مسح أجرته مؤسسة (ويكلي ريدر) لاستطلاع الرأي عام 1987 أن للتلفزيون والسينما اكثر

الأثر لجعل الكحول والمخدرات جذابة لطلاب الصفوف من الرابع إلى السادس، ويتيح رؤية متعمقة للأسباب التي تجعل الطلبة يتعاطون المخدرات، فيعتقد الأطفال من الصف الرابع إلى السادس أن أهم سبب لتناول الكحوليات وتعاطي الماريجوانا هو التوافق والتكيف مع الآخرين، تليه مباشرة الرغبة في الشعور بكبر السن، كما أن لدى الطلاب معلومات غير كافية أو غير دقيقة، وتعزز هذه النتيجة الحاجة إلى أن تبدأ البرامج الوقائية من الصفوف الأولى وهي برامج تركز على تعليم الأطفال الحقائق المتعلقة بالمخدرات والكحول والمهارات الخاصة بمقاومة ضغوط الأصدقاء لتعاطيها.

ويتحول الأفراد إلى مخدرات اكثر تأثيرا على الحواس، بعد التدخين وتعاطي الكحول، وبعد ذلك الماريجوانا، ويمكن إن لا تحدث المحاولات الأولية شعورا بالنشوة،غير أن الطلاب الذين يواصلون تعاطي المخدرات يدركون أن بوسع المخدرات أن تغير أفكارهم ومشاعرهم، وكلما ازداد تعاطي الماريجوانا زاد احتمال أن يبدأ بتعاطي مخدرات أخرى بالاقتران معها.

وكثيرا ما يتطور تعاطي المخدرات على مراحل، من التعاطي العرضي إلى التعاطي المنتظم، إلى تعاطي المخدرات المتعددة، وفي النهاية إلى الإدمان الكامل، ومع كل مرحلة جديدة يزداد تعاطي المخدرات تطورا ويصبح اكثر تنوعاً، وتنتج عنه تأثيرات متعددة للصحة بصورة متزايدة، الا أن هذا التطور ليس حتميا فيمكن وقف تعاطي المخدرات في أي مرحلة، غير انه كلما ازداد تعاطي الأفراد للمخدرات ازدادت صعوبة توقفهم عنها، وافضل طريقة لمكافحة تعاطي المخدرات هي بدء الجهود الوقائية قبل أن يشرع الأطفال في التعاطي، والبرامج الوقائية التي تركز على الأطفال الصغار هي انجح الوسائل في مكافحة تعاطي المخدرات (نافع، 1991).

لماذا يلجأ أبنائنا إلى الإدمان

1- حب الاستطلاع
2- الاعتقاد الخاطئ بان المخدر يقوي الحالة الجسدية والنفسية للمتعاطي.
3- مصاحبة قرناء السوء.
4- النشأة الدينية الضعيفة.
5- تفكك الأسرة.
6- التدليل الزائد، وتوفر المال لدى الأبناء قد تدفع بهم إلى الهاوية.
7- السفر إلى الخارج، بدون قيود أو ضوابط.

كيفية الاكتشاف المبكر للإدمان

إن الآباء والأمهات هم آخر من يعلم بأن أحد أبنائهم قد أصبح مدمناً على أي نوع من أنواع المخدرات، وتحير الآباء والأمهات في الكشف عن الفرد المدمن، وسماته، وخصائصه، والتغييرات الفسيولوجية التي تصيبه أو تظهر عليه، فالأبناء قادرون على إخفاء مظاهر إدمانهم بشتى الوسائل، وعند ملاحظتك للأمور التالية، انتبه فقد تكون إحدى علامات الإدمان المبكر للأبناء، ومن تصرفات المدمن في المنزل ما يلي:

1. التغير المفاجئ في السلوك اليومي المصحوب باللامبالاة، وعدم الاكتراث في مجريات الأمور الاعتيادية والطارئة، وتصبح حياته اقرب إلى الخيالية من الواقعية، حياة وهمية مبنية على أمور غير حقيقية مع الإحساس بالخوف أحيانا.

2. كثرة الخروج من المنزل، والاختلاس في الخرج والدخول، لخوف المتعاطي من اكتشاف أمره إذا شوهد أثناء دخوله وخروجه.

3. الفوضى والإهمال العام في جميع واجبات حياته وحتى المظهر الخارجي لشخصه، والتأخر المستمر عن ساعات الدوام. التي تصل أحيانا إلى درجة الانقطاع عن العمل، ويرفض النصح والإرشاد حول تلك المظاهر.

4. الإهمال المستمر للوقت، ونقص القدرة على الإدراك والتقدير الزمني، والتأخر عن المواعيد بشكل عام ونقص في التركيز.

5. الابتعاد عن أغلبية الأصدقاء القدامى، وأحيانا الأصدقاء الجدد، ويفضل العزلة والانطواء.

6. نقص تدريجي في الشهية للطعام حتى يصل إلى درجة فقدان الشهية والاختلال أوقات تناول الوجبات، وينعكس ذلك على وضعه الصحي، ويؤدي إلى شحوب في الوجه، ونقص في الوزن حسب نوع المادة المخدرة ومستوى الإدمان الذي وصل إليه أو حالة التعود.

7. الحاجة المستمرة للمال واختلاق الأعذار لاخفاء الاتجاهات التي أنفقت فيها تلك الأموال مع محاولته الاستدانة بشكل مستمر من أصدقائه وأهله، وقد يؤدي ذلك إلى فقدان بعض الأغراض الثمينة من المنزل.

8. العدوانية والميل إلى العنف شبه المتلازمين عند الانقطاع عن الجرعات وعدم توفرها، خاصة إذا كان سبب الانقطاع مرتبط بالعجز المالي وعدم توفر ثمن تلك الجرعات.

9. العثور على آثار للتعاطي كضبط قطعة من المخدرات أو على الأدوات المستخدمة في عمليات التعاطي، وقد تظهر على جسده وملابسه بعض آثار التعاطي.

10. يتجاهل القواعد السلوكية في الأسرة أو يخرج عنها، ويستخدم لغة غير مهذبة.

ومن تصرفات المدمن في المدرسة ما يلي:

1. يكون ضعيف التركيز، ويفتقر للدافعية.

2. تناقص في الدرجات التي يحصل عليها.

3. يوصف بأنه عاجز عن التعلم.

4. يلقي باللوم فيما يواجهه من مشاكل على المعلمين.

5. يتوقف عن المشاركة في أشكال النشاط اللامنهجي.

6. يصل متأخراً ويتغيب عن حضور بعض الدروس.

ماذا تفعل إذا وجدت في بيتك مدمن

إذا حدث وملأ الشك قلبك أو علمت أن أحد أبنائك يتعاطى المخدرات، فتحدث معه مبارة في هذه المشكلة، وعن اهتمامك بها، وسبب هلعك عند علمك بها لما لها من آثار صحية، ونفسية، وعصبية، خطيرة، ولتحريم الله لها، وكن معه متفهما للأسباب التي سوف يذكرها لمشكلته، ولكن كن حازما في ضرورة الانتهاء منها ووقوفك بجانبه في تخطي هذه المشكلة، وحاول عدم أهانته حتى لا يتحول إلى الإنكار والدفاع عن نفسه ورفضه للمساعدة، حيث إن غضبك سوف يشغله عن حزمك واهتمامك به، كذلك حاول استخدام الأحاديث التي لا تؤدي إلى تحوله للدفاع والإنكار ورفض المساعدة لذلك تجنب :

✕ الأحاديث الساخرة التي تلحق به العار.

✕ الأحاديث السلبية.

✕ أحاديث الضعف.

✕ أحاديث لوم النفس.

بدلا من ذلك كن حازما، وأظهر له أن استمرار ذلك مستحيل، ولن ترضاه وكن عطوفا في إظهار وقوفك بجانبه، حتى ينتهي من هذه الكارثة، وأعطه الكثير من وقتك لتحميه من نفسه ومن

تجار المخدرات، وأصدقاء السوء الذين يسعون خلفه، وبخاصة أصدقاءه الذين يعطونه كثيرا من الوقت، حيث إن انقطاعه فجأة عن هؤلاء الأصدقاء الذين رافقهم سنوات طويلة ليست سهلا عليه، لذلك كن صديقا حتى يتجاوز هذه المرحلة، وابحث عن أصدقائه الذين تركوه بسبب تعاطيه المخدرات لتعود علاقتهم مرة أخرى. إن منعه من الخروج من المنزل إلا بصحبتك سوف يتيح لك الوقت للتعمق في فهم مشاكله. إننا نحتاج حتى لمنعه من الاتصال تليفونيا بأصدقائه وأن نظهر له أن ذلك حبا منا ومساعدة له على عبور فترة الانقطاع الأولى.

كما يحتاج الأمر إلى الاتصال بأهل أصدقاء السوء، زملاء الإدمان لتوضيح خطورة تركهم لأبنائهم بدون علاج واطلب منهم مساعدتك في إنجاح خطة علاج ابنك0

الأنشطة والوقاية من الإدمان

إننا نحتاج إلى تشجيع أبنائنا على أنشطة أخرى مثل الهوايات والرياضة، ويساعد ذلك على وقايتهم من الإدمان، ويساعدهم في الأيام الأولى على التوقف، وإذا لم يكن لابنك هواية ورياضة فأعطه الوقت والمحاولة للبحث عن شيء يميل إليه، يجعله ينشغل عن التفكير في المخدرات ويجعله أكثر بعدا عنها.

إنهم يحتاجون لنشاط جماعي مع الأسرة، من زيارات للأهل ورحلات مع الأسرة والذهاب للمساجد، وأماكن العبادة وأن يكون أهم شيء عندك هو قضاء وقت كاف معهم.

إننا نحتاج إلى نشاط وقائي مشترك بين الأسرة والبيئة الاجتماعية المحيطة مثل النوادي والجمعيات الخيرية والنشاط الذي يهتم بالكشف عن أماكن التعاطي، وأن نبذل جهدا لجعل الاتجار بالمخدرات حول مسكنك ليس سهلا، بل ومحفوفا بالخطر حتى يبتعد مروجو المخدرات عن أسرتك.

الأمور الواجب اتخاذها للوقاية من الإدمان

1. تعلم قدر استطاعتك طبيعة المخدرات وضررها وتأثيرها على أجهزة الجسم المختلفة.

2. تحدث مع أبنائك عن خطورة المخدرات، واسألهم عما يعلموه عنها حتى تصحح لهم معلوماتهم الخاطئة عنها.

3. كن صبورا مع أبنائك وأحسن الاستماع إليهم والرد على أسئلتهم.

4. كن قدوة طيبة لأبنائك وحافظ على تماسك أسرتك، وكن (أبا وأما) ومتعاطفا معهم ولا تجعل الخلافات الأسرية تنفر الأبناء منك.

5. الالتزام بالتعاليم الدينية والفروض والسنن والنوافل وغرس هذه القيم في أبنائك يعطيهم مناعة طيبه.

6. وضع قواعد سلوكية وعقوبات تطبق على من يخرج عنها من أبنائك

7. علم أبنائك الفطنة والاعتماد على النفس وكيف يتعاملون مع أصد)قاء السوء.

8. تذكر أن تكون هادئ الطباع وحاسما في تحدثك مع أبنائك عن المخدرات وتجنب أن تضعهم في موقف التحقيق وأخذ الاعتراف منهم بالقوة وبدلا من ذلك راقب سلوكهم وقوم انحرافاتهم ولا تهملها ولا تؤجل البحث عن سببها.

9. شجع أبناءك على مزاولة الرياضة وعلى تعلم الهوايات مثل النجارة والرسم والنحت والصيد. إن أي هواية يتعلمها طفلك هي وقاية له من المخدرات.

10. شارك جيرانك وأهل منطقتك في وضع برامج الوقاية اللازمة لأبنائكم ولا تترك بؤرة توزيع مخدرات قريبة منك بدون الإصرار على الخلاص منها.

إن الهدف الأساسي للوقاية في مجال مكافحة المخدرات، هو حماية الشباب من خلال دفاعاتهم النفسية ودعم قيمهم بجعل فرصة إقدامهم على تعاطي المخدرات أو تجربتها فرصة صعبة، أو مستحيلة، أو شاقة، وكما يقال الوقاية خير من العلاج، ودرهم وقاية خير من قنطار علاج، والكثير من الآباء قد شرع فعلا في غرس بذور الوقاية من المخدرات بدافع غريزي، إن ذلك يحدث من خلال اهتمام هؤلاء الآباء بالاستماع إلى مشاكل أبنائهم والاهتمام بإعداد حلول لها وأن يكونوا على مقربة منهم مع ملاحظة مستمرة بحب وعطف وأن يكونوا قدوة لهم، إن ذلك كله يساعد النشء في بناء الدفاعات النفسية السليمة التي تقف في وجه محاولات تجربة أو تعاطي المخدرات .

الثقة بالنفس

الوقاية من المخدرات تتمثل في بناء مقاومة داخلية في الأفراد، تقول لا لمحاولة تجربة المخدرات، تشمل هذه الوقاية جهودا مختلفة وواسعة لمساعدة الشباب في اكتساب خبرات ومهارات حياتية، حتى يكتسبوا الثقة في النفس، وممارسة النشاطات اليومية، وتهتم برامج الوقاية بتعليم الشباب أهمية احترام أجسامهم، وغرس القيم التي تولد أهمية الحياة الصحية السليمة، وإذا ما وثق هؤلاء الشباب في أنفسهم وفي من يقومون ببرامج الوقاية فانهم إن- شاء الـله -سوف يكونون بعيدين عن احتمال تعرضهم لخطر الإدمان.

الوعي بالمخدرات

يمتنع الكثير من الآباء عن الحديث مع أبنائهم وتحذيرهم من المخدرات، إذا علموا بأن أبناءهم يتعاطون الحشيش أو الخمور، بسبب اعتقادهم بأنه من المستحيل أن يوجد في أسرتهم من يتعاطى المخدرات، غير أن ذلك يؤدي حتما إلي كارثة، إنه من الأشياء الجوهرية أن يتحدث الإنسان إلى أبنائه محددا أخطاء التعاطي والحقائق عن كوارث حدثت لمن تعاطي لأنه ما لم يضع اللبنة الأولى للوقاية فإن إمكانية إقدامهم على التجربة والتعاطي قائمة وبنسبة عالية.

المراهقة والمخدرات

إن فترة المراهقة هي فترة حرجة ومتوترة لكل من الشباب والأهل، إنها الفترة التي تحدث فيها تغيرات جسدية ونفسية جوهرية، وتثير فترة المراهقة أيضا مشاكل عديدة للشباب في كيفية تقبلهم للتغيرات الجسدية والتغيرات الاجتماعية، والبيئية، والسياسية، المحيطة بهم، وكيفية تدريبهم على مواجهة هذه المغيرات سوف يؤثر على ثبات وقوة شخصيتهم، وشعورهم بالاستقرار في مواجهة هذه المشاكل، وتتميز فترة المراهقة برغبة جامحة للتجربة، خاصة على المستوى السلوكي، في نمط وأسلوب حياتهم، وفي علاقتهم بأصدقائهم، وفي علاقاتهم بالجنس الآخر، ويرفض الشباب في فترة المراهقة تقليد الأهل ويختارون أسلوب حياتهم بأنفسهم وهذه الرغبة للتجربة هي رغبة قوية لدرجة تجعل إحساسهم أن القيود التي يفرضها الأهل بأنها عدم ثقة فيهم حتى مع علمهم بأنهم يمارسون الخطأ وأن ممارستهم وصلت إلى حد الخطورة، ويحتاج ذلك من الأسرة إلى الحكمة في مواجهة هذه الرغبة في استقلالية القرار.

إن تعاطي المخدرات قد يكون أكثر من مجرد تجربة، فقد يكون عرضا لمشكلة نفسية داخلية، فالإنسان الخجول أو الذي يرى نفسه غير جميل قد يجد نفسه أكثر ثقة في نفسه تحت تأثير المخدرات، وأكثر قبولا عند زملائه، فضغوط أصدقاء السوء قد تدفع البعض إلى التعاطي حتى يكون مقبولا منهم أو حتى يصبح رجلا مثلهم، ويساهم أصدقاء السوء في تكوين مفاهيم ضعيفة وأهداف في الحياة غير واضحة.

أن تعلم أن التغيرات الجسمية، والنفسية، والسلوك التجريبي، في مرحلة المراهقة هي جزء لا يتجزأ من مرحلة النضج، وتعامل المراهقون مع هذه المتغيرات والدوافع تعتمد اعتمادا أساسيا على حجم ما نالوه من آبائهم من الحب والتوجيه والفهم والدعم، ويجعل ذلك رحلتهم خلال فترة المراهقة، رحلة هادئة، ومستقرة، وناضجة، بدون تجربة المخدرات .

التعليم المبكر

لأن الطريق أثناء المراهقة محفوف بالمخاطر، فان الوقاية هامة قبل وصول الأبناء إلى سن العشرينات، فالأفراد قبل بداية الحادية عشرة يستطيعون فهم مشاكل المراهقة ولكنهم يكونون أكثر قابلية للتوجيه من الأسرة ومن هم أكبر منهم، إن الآباء يحتاجون إلى الحديث بصراحة عن أخطار المخدرات وتعليم أبنائهم كيفية مواجهة ضغوط الأصدقاء الذين يحاولون دفعهم للتعاطي لحمايتهم من هذه الأخطار مبكرا.

كيف تتحدث عن المخدرات

من المهم تزويد الأبناء بالمعلومات الدقيقة عن المخدرات والخمور، وحتى يكون ذلك دقيقا يجب الإلمام بقاعدة معلومات سليمة عامة عن المخدرات تكفي للرد على تساؤلاتهم، ذلك أن تجار المخدرات يروجون لها بأنها تعطي السرور والرجولة والجنس والقوة، وبسهولة العلاج منها وعدم ضرر تعاطي كميات بسيطة منها، ويحتاج ذلك منا للرد السليم على هذه الإيحاءات المغرضة.

إن أفضل الأوقات للحديث عن خطورة المخدرات مع الأبناء هي أوقات الاسترخاء والراحة، وقد يكون من المناسب الحديث عن ذلك عندما يكون هناك مشكلة منشورة في الصحف أو في التليفزيون عن مأساة شخص معين، مع أهمية توضيح الآيات والأحاديث القرآنية والدينية عامة التي تتحدث عن خطورة المخدرات لجعل الحديث أكثر قبولا وأسرع تأثيرا.

التواصل مع الأبناء

إن أهم ركن من أركان الوقاية من المخدرات هو وجود قنوات الاتصال مع الأبناء وذلك من خلال حديث الأهل في كل مشاكلهم، حتى لو لم يمروا بأزمات أثناء المراهقة0

ويحتاج الأبناء من الآباء الاستماع إليهم، وإعطائهم الانتباه الكامل للاستماع لأفكارهم ومعتقداتهم ووجهات نظرهم، ويؤدي الاستماع الفعال إلى الأبناء إلى تشجيعهم وازدياد ثقتهم في أنفسهم ومن مقومات الاستماع الفعال للأبناء.

1. راقب تعبيرات وجه طفلك وحركات جسمه وإيماءاته في حديثه.

2. أعط أبناءك الدعم المعنوي من خلال الابتسامة له أو الربت على ظهره أو كتفيه، أو بالتواصل البصري معه.

3. استخدم نبرات صوت مناسبة للرد على سؤاله وتجنب أن تكون ساخرا منه أو أن تفرض عليه رأيك واجابتك.

4. إعادة صياغة سؤال الابن حتى يعلم الابن أن الأب قد فهم السؤال وأعطاه أهميته.

إن الحديث عادة ما يتطرق إلى موضوع المخدرات، وعلى الآباء البعد عن الحديث الذي قد يحمل معنى الإكثار من إعطاء النصح وانتقاد الأبناء والاستخفاف بعقولهم، فإن هذه الطرق قد تفقد الشباب الثقة والحوار مع الآباء.

التدخل الوقائي للأسرة

بما أن تعاطي الأفراد للمخدرات يبدأ بأسباب مختلفة ومعقده وتدخل عدة عناصر إيجابية أو سلبية في حدوث الإدمان، مثل الآباء والأصدقاء والمدرسة والإعلام والمجتمع، لذلك يجب مشاركة كل هذه العناصر في برامج التدخل الوقائية، ولأن هذه القوى تؤثر في نمط النمو النفسي الاجتماعي لشخصية الإنسان فإن هذا التدخل يجب أن يحدث أثناء هذه الفترة المبكرة قبل احتمال التعرض لتعلم سلوك التعاطي.

أهداف التدخل الوقائي

1- تدريب الأبناء على المهارات اليومية والمواقف والعوامل التي تحمي من احتمالية تعرض الشباب لضغوط التعاطي.

2- إن احتمالية البدء في تجربة تعاطي المخدرات قد تبدأ بسبب التسيب في مفهوم خطورة استخدام العقاقير بدون استشارة طبية، لذلك ينصح بأن يكون الحديث ممهدا من خلال الثقافة الخاصة بخطورة استعمال العقاقير المسموح بها في الصيدليات بدون استشارة طبية.

محاور التدخل الوقائي

× إعطاء الشباب معرفة كافية عن الحجم الحقيقي لانتشار التعاطي في المجتمع عامة (وهو أقل كثيرا من مجتمعهم المحدود).

× تدعيم قدرات الشباب بالمفاهيم السليمة والأساليب السليمة لاتخاذ القرار حتى يكون قادرا على مقاومة ضغوط الأصدقاء والمجتمع وتأخير فرص استجابته للضغوط وتقليل اللهفة على التجربة.

× دعم البرنامج اليومي الصحي للشباب في المدرسة وخارج اليوم الدراسي وتقوية مجتمع الشباب الخالي من الإدمان وجعله أكثر إقناعا .

× التعاون المشترك بين الأسرة والمدرسة بما يسمح بتعود الطلاب على السلوك الناضج والرقابة المشتركة مما يجعل الدخول في سلوك تجربة المخدرات من المخاطر غير المحمودة للشباب.

× لما كانت هناك مواقف في الحياة تؤلم الشاب مثل التفكك الأسري، والرسوب في المدرسة، وعدم الثقة في النفس، مما قد يجعله عرضة للبحث عن أحاسيس السعادة من أي مصدر خاصة مع تعدد الضغوط وتعقدها لذلك فإن البحث عن وسائل ممتعة للشاب وأساليب وأنشطة هي في الواقع بدائل تغنيه عن الدخول في دائرة تجربة المخدرات.

برامج الوقاية من الإدمان

يجب أن يهتم في الأعداد لبرامج الوقاية من الإدمان بالأساليب التعليمية السليمة، ويجب أن تتضمن هذه البرامج جموعة من العناصر، وأهم هذه العناصر هي :

× مشاركة شباب من نفس سن الفئة المستهدفة أو أكبر سنا بصورة إيجابية من خلال التفهم والقبول وتأكيد المعلومة وجعل معلومة خطورة المخدرات مقبولة ممن يعيش نفس الظروف ويبحث عن نجاح شبيه في حياته.

× مشاركة مجتمعية من خلال تنشيط مشاركة المجتمع خاصة الأسرة لتقوية دفاع الشباب ضد ضغوط التعاطي خاصة في المجتمعات الهشة.

× الاستخدام السليم للوسائل النفسية السليمة من خلال الحديث عن حياة المتعاطي مقابل غير المتعاطي ومناقشة مبررات عدم التعاطي.0

دور الأسرة في منع الانتكاسة

يستطيع كل من تعاطى المخدرات أو أدمنها أن يتوقف عن التعاطي وحده، أو قد يحتاج إلى برنامج علاجي كامل. وتعتبر الفترة التي تلي العلاج الدوائي وانتهاء أعراض الانسحاب من الإدمان أهم فترة يجب التخطيط لها حتى يصل المتعافون من الإدمان إلى المعافاة الكاملة حماية لهم من شبح الانتكاس والعودة للإدمان.

والإدمان ليس مرضا فقط، ولكنه نمط حياة، وأولئك الذين قرروا الإقلاع عن الإدمان والعودة إلى الصحة النفسية، فإنهم كالمهاجرين من مجتمع إلى مجتمع آخر داخل نفس المدينة والمكان،

فالتوقف إذن ليس فقط التوقف عن تعاطي عقار أو مخدر ولكنه تأقلم جديد لحياة جديدة في مجتمع الأمل والاطمئنان بعيدا عن مجتمعهم الماضي.

وكغيرهم من المهاجرين فإنهم يأملون من اللـه المساعدة ويأملون التقدير من الآخرين. غير أن أولئك المتعافين من الإدمان في بحثهم عن طريق جديد للاطمئنان والحياة المستقرة فإنهم يحتاجون من الأسرة إلى شئ أكثر من مجرد التشجيع، إنهم يحتاجون إلى التوجيه واكتساب خبرات جديدة وعلاقات جديدة تساعدهم في النجاح للهجرة من مجتمع الإدمان المظلم إلى مجتمعهم الجديد، الذي ينشدون فيه الاطمئنان والسعادة والأمان. ولكي تستطيع الأسرة مساعدة ابنها الذي هجر المخدرات، وأصبح نظيفا منها يجب أن تعرف ما يعانيه، وما يقاسيه، وما يدور في ذهنه بعد التوقف عن تعاطيه المخدرات. كما يجب أن يكون معلوما أنه ما أن يتوقف الشخص عن تعاطي المخدرات فإنه يحتاج لتعلم أشياء جديدة يملأ بها وقت فراغه، وأكثر هذه الأشياء هي تلك التي يمكن أن تسعده وترفه عنه حيث إن كثيرا ممن أقلعوا عن استعمال المخدرات لم تكن هذه المخدرات تعني بالنسبة لهم سوى المتعة والبهجة.

المتعافين من المخدرات

يواجه المتعافون من الادمان والمخدرات عدة أمور ومن أهمها:

× الرغبة في العودة إلى المخدرات، و يستمر ذلك الشعور معه لعدة أشهر بعد العلاج، ذلك الإحساس والرغبة في العودة للمخدرات هو نتيجة لتعوده لمدة طويلة عليه وتعوده على مصاحبة مجموعة من الأصدقاء ومجموعة من الأماكن التي كان يذهب إليها، و يحتاج إلى تعلم مهارات جديدة حتى يؤثر في هذه المجموعات لا أن يتأثر بها مرة أخرى. ويحتاج إلى مجموعة من العلاقات الاجتماعية السوية التي تساعده على النمو والعيش بدون مخدرات.

× مشكلة التكيف مع الحياة الجديدة واكتساب طرق جديدة للاستمتاع بعيدا عن المخدرات، وهذا يحتاج منه إلى تعلم أنماط جديدة من السلوك، ومجاراة ظروف الحياة والتكيف مع الضغوط ومواجهتها، وفشله في ذلك سوف يجعله يشك سريعا في قدرته على الاستمرار نظيفا من المخدرات، خاصة أنه يفقد الكثير من المزاج والمرح الذي كان يحصل عليه مع هذه المخدرات، مما يجعله يشعر شعورا غريباً غير ممتعاً في أول الأمر، ويحتاج لبعض الوقت للتأقلم مع الحياة الجديدة.

× خلال الفترات الأولى من التكيف، وتعلم أنماط جديدة من السلوك فإن حدوث آلام أو

ضغوط أو توترات، مع عدم قدرته على التكيف معها أو التخلص منها، أو مواجهتها وقد تدفعه هذه الآلام والضغوط والصعاب إلى الإحباط واليأس والعودة للإدمان مرة أخرى.

× الحاجة إلى علاقات جديدة تدفعه إلى الاعتماد على النفس أكثر من اعتماده على الآخرين ومن اعتماده على المخدرات، غير أن ذلك يحتاج للوقت ويأتي ببطء ويحتاج لفترة طويلة وصبر وإصرار.

× تتعرض علاقات ذلك الشخص بعد تركه للمخدرات مع أصدقائه والمحيطين به لتغيرات كثيرة نتيجة لتركه لرفقاء السوء ونظرته الجديدة لهم، مما يدفع بهم إلى محاولة استقطابه مرة أخرى، وعرقلة مسيرته الجديدة بهدف تحطيمهم لثقته في نفسه وفي قدرته على الاستمرار بعيدا عن المخدرات، مما قد يؤثر في مسيرته حيث تكون شخصيته هشة في هذه الفترة بالإضافة إلى ضغوط الأهل (أب وأم وزوجة وأبناء) فتتجمع هذه الضغوط لتؤثر في استقرار الصحة النفسية.

× توفر المخدرات إما من الأصدقاء أو كهدايا تقدم له للضغط عليه، ولذلك فإن تعلمه أن يقول (لا) للمخدرات هو عامل أساسي في التحسن، ذلك أن تعاطيه لجرعة جديدة من المخدرات بعد علاجه أيا كان حجمها وظروف تلك الجرعة والضغوط حولها قد تؤدي إلى انتكاسه تعيده بعنف للمخدرات.

كل تلك المؤثرات بالإضافة إلى ما قد يتعرض له المدمن من مشاكل دراسية، أو مشاكل في العمل والحياة مع الوالدين والأسرة والزوجة قد تؤثر عليه تأثيرا سلبيا مؤدية به إلى احتياجه إلى المزيد من جهد الآخرين معالجين وأصدقاء وأسرة ومجتمع لمساعدته في المرور بمرحلة التعافي من المخدرات بسلام عودة إلى الحياة الطبيعية.

إن مجرد الرغبة في الخروج من عالم المخدرات قد لا تكون كافية في مواجهة هذه المشاكل، بل إن الإصرار والصبر هو الحل الوحيد، ذلك أن الانتكاس مرة أخرى إلى المخدرات يؤدى إلى فقده الثقة في نفسه وألمه الشديد لفشله في مواجهة هذه المشكلة، وآلام الأسرة لذلك وآلام الأصدقاء وآلام المعالجين أنفسهم، ولذلك يجب أن تكون فترة ما بعد العلاج من الإدمان على المخدرات هي فترة اهتمام قصوى من الأسرة والأصدقاء والمدمن نفسه وأن تكون "لا" للمخدرات هي إصرار وعزم لان الانتكاس يفقد الآخرين الاهتمام به ويؤدي بهم إلى اليأس منه، فتقل مساعدتهم له وتزداد مشاكله مرة بعد أخرى.

عناصر برنامج المساعدة للمتوقفين عن المخدرات

1- علاج دوائي لإنهاء تأثير الانسحاب من المخدرات وإصلاح ما أفسدته المخدرات في أجهزة الجسم المختلفة وذلك يحتاج إلى الفريق الطبي المدرب.

2- العلاج الأساسي وهو استكشاف أسباب المشكلة والوصول إلى أعماق الشخصية ومحاولة العلاج النفسي الفردي وعلاج جذور المشكلة أسريا وتعريف المدمن بمخاطر المخدرات ومساعدته في المرو من مرحلة الشوق للمخدرات إلى الاطمئنان بدونها.

3- متابعة نفسية لمناقشة الماضي وتدعيم حركته في المستقبل ودعمه نفسيا، وتدريبه لمواجهة المشاكل من خلال برامج تأهيلية نفسية وعلاج نفسى تدعيمي وتنمية مهارات اجتماعية ومهارات التغلب على ضغوط أصدقاء السوء.

4- مساعدة للنفس والآخرين من خلال جماعات أصدقاء المرضى وهم في الأصل مرضى آخرون يكون وجودهم مع مرضى في مرحلة العلاج والتعافي هاما حتى يعطوهم الخبرة اللازمة ويكونون لهم أصدقاء يساعدونهم على التعافي والمرور في هذه الفترة بهدوء .

رعاية المتعافين من الإدمان

يمكن القول بأن مرحلة ما بعد التوقف عن المخدرات تحتاج إلى مستويات من المساعدة وهي خدمة نفسية متخصصة، الهدف منها هو تقديم مساعدة علاجية جماعية لتدريب المتعافين من المخدرات في الأيام الأولى على اجتياز هذه الفترة الحرجة، غير أن هذه الجماعات العلاجية لا تناقش أمورا علاجية أساسية مثل الاكتئاب والغضب فى الفترات الأولى للتوقف عن المخدرات، ولا تقدم طرقا ومهارات سلوكية تهدف إلى البعد عن التوتر في الأيام الأولى للتوقف، ولكن هدفها هو تدريب تعليمي لمساعدة أولئك المتعافين من المخدرات في إعادة دراسة خبرتهم السابقة مع المخدرات والتفكير في طريق أفضل للخلاص من هذه المخدرات، وعدم العودة لها وتعلم مفاهيم أساسية عن طريق الحياة الصحية وكيفية خلق مجالات جديدة في حياتهم تساعدهم على خوض هذه التجربة بنجاح، وتحضيرهم للمصاعب المتوقعة في الفترات الأولى للتوقف وممارستهم لما يجب عمله في مواجهة هذه المشاكل ومساعدتهم في استمرار هذا التحسن والنقاء من المخدرات مع المساعدة الاجتماعية اللازمة.

كما يحتاج إلى قاعدة واسعة من الأنشطة تكون قلبا وعقلا لهذا المجتمع من خلال عدة أنشطة وقائية وعلاجية، والعمل على إنشاء جماعات أصدقاء المتعافين من الإدمان على أن تتكون هذه

الجماعات من المتعافين من الإدمان أنفسهم، مع كوادر مساعدة لهم من المعالجين من أطباء وأخصائيين نفسيين أو أخصائيين اجتماعيين.

مرحلة التعافي من الإدمان

إن جلسات الحوار مع المتعافين من المخدرات تهدف إلى التركيز على مواجهة الصعوبات التي تواجه المتعافين في أيام علاجهم الأولى وهذه الجلسات يجب أن تركز على أربعة أهداف هامة:

الهدف الأول : الاستمرار نظيفا من المخدرات:

وذلك من خلال:

1- التخلي عن الإدمان ومواجهة الإلحاح والرغبة في العودة إليه .

2- تفهم مواقف ومواطن الخطر التي قد تدفع إلى الإدمان مرة أخرى.

3- الاستبصار بخطورة العودة إلى ما يعتبره البعض بسيطا. أي جرعة واحدة لا تؤثر.

4- كيف يتعامل المتعافون مع الآلام والأعراض التي قد تظهر في الفترة الأولى.

5- كيفية التعامل مع ضغوط من يتعاطون المخدرات من الأهل أو الأصدقاء في الفترة الأولى من التعافي.

6- كيفية التغلب على الرغبة الملحة للعودة إلى المخدرات، هذا الإلحاح قد يحدث في الفترة الأولى للتعافي.

الهدف الثاني : كيف تتفاعل مع الأحداث الحزينة والمفرحة.

إن التدريب على مواجهة هذه المواقف هام جدا فهناك من يعود للمخدرات فورا بعد أول مشكلة أو طارئ، والآخرون قد يعودون إلى المخدرات نتيجة لأحداث سعيدة كالأفراح وذلك من خلال تدريبهم على:

1. تعلم مهارات حياتية جديدة.

2. تعلم الحصول على السعادة والاطمئنان بدون مخدرات .

3. كيف تواجه أوقات ومواقف الشدة بدون مخدرات.

4. كيف تواجه الآلام.

الهدف الثالث : العلاقات الاجتماعية :

والهدف من التدريب هنا هو مواجهة المشاكل الاجتماعية التي تواجه المتعافين من المخدرات خاصة في الأيام الأولى بعد التوقف وذلك من خلال تدريبهم على :

1- تدعيم علاقاتهم الاجتماعية الناضجة.

2- تكوين صداقات جديدة.

3- مراجعة علاقاتهم المختلفة وانتقاء الصالح منها.

4- الأسرة وأهميتها في مرحلة التعافي.

5- كيف تكون أفضل الجماعات.

6- مواجهة الأصدقاء أو الأهل المتعاطين للمخدرات.

7- المتعافي وتطوعه لخدمة مجتمعه في فترة التعافي.

الهدف الرابع : العودة للعمل

والهدف من التدريب هنا هو إظهار أن العمل والنضج هو الوسيلة الصحية للسعادة والاطمئنان وأن العكس يؤدي إلى التدهور والإدمان وذلك من خلال مناقشة المجموعة في:

1- مناقشة مراحل التعافي من المخدرات كخطوة أولى في العودة للعمل والانتباه والنضج.

2- حسن اختيار مجالات العمل من واقع الخبرات العملية القديمة وخبرات الآخرين.

3- كيفية التغلب على مشاكل العمل.

كيف تتمتع بدون مخدرات

يجب أن يكون مفهوما أنه ما إن يتوقف الشخص عن تعاطي المخدرات فإنه يحتاج لتعلم مهارات جديدة يملأ بها وقت فراغه، و هذه المهارات الجديدة هي التي يمكن أن تسعده وتخفف عنه، حيث إن كثيرا ممن أقلعوا عن استعمال المخدرات لم تكن هذه المخدرات تعني بالنسبة لهم سوى المتعة والبهجة.

يجب توضيح الفرق الشاسع بين المتعة مع المخدرات والمتعة بدونها، وتوضيح كيف يمكن أن يقوم كل فرد من مجموعة المتعافين بتعلم أو إعادة تعلمه طرق السعادة بدون مخدرات وكيف يمكن لهم أيضا أن يشارك كل منهم الآخرين في هذا المجال.

ويجب إتاحة الفرصة لهؤلاء المتعافين لإظهار تخوفهم وقلقهم من عدم حصولهم على المتعة بدون المخدرات، لأن ذلك في حد ذاته مشجع لهم للتفكير في كيفية الحصول على إعطائهم الفرصة لأن يتخيل كل منهم أفضل موقف يتصور أنه يمتعه بدون أن يكون ذلك نتيجة لتأثير المخدرات.

استغلال وقت الفراغ

لدى معظم الشباب أوقات فراغ كبيرة، ويجتمع الشباب يومياً بدون أي هدف، فهم يشكلون عبئا كبيرا على المجتمع، ويؤدي اجتماع الأفراد في أماكن مختلفة وغير مراقبة من قبل الأهل في أوقات فراغهم إلى الشعور بالملل، ويكفي هذا الشعور لأن تبدأ أنفاس التدخين، ومن ثم الحشيش والمخدرات وحتى الوصول إلى الإدمان، وينبغي تعليم هؤلاء الأفراد البدائل المختلفة للاستمتاع بوقت فراغهم دون اللجوء إلى المخدرات، مثل الرياضة والموسيقى والهوايات المختلفة، فيستطيع بذلك أن يستغل الطاقة المتوفرة لديه وكل مفيد يعود عليه بالنفع وعلى مجتمعه، فالنمو والتقدم يعتمد علىالمستوى الفكري الذي يعيش فيه الأفراد (أنشاصي،2001).

أصدقاء السوء

تعتبر مجموعة الرفاق سبباً مهماً من أسباب انتشار المخدرات، إن العلاقة بين المدمنين ليست علاقة بين صديقين فقط ولكنها تحمل معاني أكثر من ذلك فهي صداقة وهي ارتباط بما يسمي مجتمع الإدمان، وهو مجتمع خاص له مفاهيم خاطئة تنبع من كره المدمن للمجتمع السوي الذي نبذه فيلجأ إلى مجتمع المدمنين الذي يرعاه ويحوله إلى عضو نشط، ليس ضد المجتمع فقط ولكن يضيف إلى ذلك الاتجار في المخدرات بالإضافة إلى تعاطيه حيث تتوقف الأسرة عن إعطاءه المال بعد اكتشافها لسوء سلوكه وإدمانه.

ولا يحتوي المجتمع الخاص بالمدمنين على المدمنين فقط ولكن على التجار الذين يغذون هذا المجتمع بمعاني تدفعهم إلى زيادة العداء للمجتمع ولأسرهم والى زيادة انفصالهم عنه، وهم يجذبونهم بالتشجيع والرعاية من خلال إعطائهم المال مقابل اتجارهم في المخدرات أو من خلال تسهيل الانحراف الإجرامي الذي يفتح لهم أبواب الحصول على المال بطرق غير شرعية.

إن كثيرا من المتعافين من الإدمان يعانون من دوافع شبه واعية للعودة للإدمان لمجرد مقابلة هؤلاء الأصدقاء وكأنهم مبرمجون على ذلك.

ولذلك يجب أن نسعي إلى البحث عن كيفية التخلص من هذه الصداقات التي تثير الرغبة للمخدرات من خلال تأثير تلك الجماعات ومن خلال تلك السلوكيات المكتسبة.

إنها حقيقة إن المدمن حامل للمرض وكلما أقترب من المتعافين من الإدمان زادت نسبة الإصابة وعودة الإدمان. إنه عادة ما يبتعد المتعافون من الإدمان عن أصدقاء الإدمان بعد علاجهم غير أن هذه العلاقات قد تعود مرة أخري خاصة إذا كان هؤلاء الأصدقاء أصدقاء عمر ولكونهم أيضا أصدقاء إدمان، وهذه العلاقة القديمة قد يكون لها تأثير متزايد مع ازدياد ما يواجهه المتعافون من الإدمان من مصاعب بعد علاجهم وقد تؤدي هذه العلاقة إلى ضغط يؤدي بالمتعافين إلى الانتكاس مرة أخرى وبسرعة للإدمان خاصة مع افتقاده لعلاقات صداقة جديدة يصعب الحصول عليها بسهولة.

إن هؤلاء المدمنين قد يقتربون من المتعافين من الإدمان، ليس من اجل هذه الصداقة فقط ولكن قد يكون ذلك لاستفادتهم ماديا من المتعافين أثناء إدمانهم، فهم يريدون أن يبيعوا لهم مخدرات أو أن يقدموا لهم مخدرات مجانا أو أن يشاركوهم تعاطي المخدرات بحجة الصداقة القديمة أو الأيام الجميلة السابقة، لذلك فإنه عندما يقول المتعافون من الإدمان " أمتنع عن مقابلة أصدقاء السوء " فبالرغم من أن تلك هي نصيحة جيدة إلا أنها تحتاج إلى تفكير كثير لمواجهة مشاكلها.

ويمكن تلخيص المشكلات التي يتعرض لها المتعافون من الادمان

1- إن مجالسة المدمنين بعد العلاج من الإدمان مع بعضهم يشكل خطورة شديدة وذلك لقوة ما بين هؤلاء من علاقات لصيقة وارتباط وتعود شرطي على الشعور السعادة معهم.

2- تزداد خطورة لقائهم مع المدمنين كلما كان أولئك المدمنون أصدقاء عمر حيث تزداد شدة تأثيرهم على من تم علاجه من الإدمان.

3- يجب إنهاء كل صلة مع المدمنين أو على الأقل يجب أن تكون محدودة أو مراقبة من أصدقاء أمناء أو من الأسرة.

4- إن ترك صداقات قديمة أمر مؤلم ويؤدي إلى الحزن وعدم الشعور بالأمان وهذه الأحاسيس صادقة وتحتاج إلى مساعدة من الأهل وأصدقاء الخير للتخلص من هذه المشاكل .

5- إن الرغبة في إنهاء العلاقة مع الأصدقاء المدمنين لا تكفي للقضاء على خطورتهم ولكن يجب إخبار هؤلاء الأصدقاء المدمنين بعدم رغبتك في مقابلتهم مرة أخرى بكل احترام وبكل حزم ويجب أخذ المشورة في كيفية إبلاغهم ذلك.

6- كلما ازدادت الصداقات الجديدة مع الأسوياء بعد العلاج من الإدمان وتعلم الإنسان كيف يتمتع بالحياة ويمارس الهوايات المفيدة تقل تأثير هذه الصداقات القديمة.

لذلك يجب تشجيعهم على الارتباط والتعاطف مع أصدقاء جدد وتوسيع نطاق علاقاتهم الاجتماعية السوية كذلك فإنه من المهم التعرف على :

أ - الأصدقاء المدمنين الذين لهم تأثير سلبي يخشى منه.

ب - الأصدقاء المدمنين الذي تربطهم بالمتعافين علاقة خاصة.

ج - الأصدقاء المدمنين الذين يعتبرهم المتعافون سببا في إفساد حياتهم أو ممن اضطروهم لارتكاب انحرافات ضد إرادتهم.

د - الأصدقاء الأسوياء الذين هجروهم نتيجة لإدمانهم ويرغبون في العودة لصداقاتهم لإحساسهم بإمكانية نجاح صداقتهم مرة أخرى.

أما إذا أضطر المتعافون من الإدمان إلى مقابلة مدمنين لم يتم علاجهم فعليهم تذكر الآتي :

× إذا سئل من عولج من الإدمان عن سبب عدم رغبته في قضاء وقت طويل مع مجتمع المدمنين فيجب أن يوضح مباشرة لهم أن ذلك ليس عداء شخصيا ولكن لأنه لا يستطيع أن يجالس المدمنين، إن هذه الأمانة تؤدي إلى تفهم المدمنين لموقفه وعدم إزعاجهم له.

× يجب التذكر دائما أن مقابلة المدمنين قد يؤدي إلى العودة للمخدرات وأن الأولوية هي استمرار بقاء من عولج من الإدمان بعيدا عن شر الإدمان، وأنه لا يوجد شيء يوازي هذه الأولوية.

المنطقة الموبوءة بالمخدرات

إن ذلك هو أخطر المواقف التي تواجه المتعافين من المخدرات بعد علاجهم، وهو موقف يحتاج منهم إلى الكثير من التخطيط، ومما لاشك فيه أن الانتقال إلى سكن آخر قد يكون أفضل الحلول ولكن مع المشاكل التي نواجهها في مجتمعنا فإنه قد يستحيل ذلك.

لذلك يجب المبادرة بتغيير الأسلوب الاجتماعي لحياتهم ويجب أن يسعوا إلى الارتباط بالجيران ذوي السمات الطيبة المؤثرة وتكوين شبكة من الصداقات منهم، ويجب التعاون مع الجيران ما أمكن ذلك للتخلص من هذه البؤرة المرضية قبل أن تؤدي بهم إلى الانتكاس.

التعامل مع مروجي المخدرات

إذا لم يكن هناك من طريقة تمكن المتعافين من الإدمان من البعد عنهم فعليهم إنذارهم بعدم عرض المخدرات أمامهم ويجب أن يحاولوا الحصول على مساعدة الآخرين للخلاص من تجار المخدرات، وإذا لم يتمكنوا من ذلك فهناك السلطات الأمنية التي يجب اللجوء إليها في مثل هذه المشكلة لإنقاذهم من شر تجار المخدرات والمدمنين على السواء.

إن مجهودا يبذل للتخلص من صداقات الإدمان والحصول على الصداقات السوية هو أفضل بداية لقدرتهم على الخلاص والحياةبعيداً عن هذه الكارثة.

الرغبة الملحة في العودة للإدمان

إن الرغبة الملحة للعودة للمخدر هي مشكلة الإدمان الأولي ولذلك يجب توضيح طرق مواجهة هذه المشكلة وتدريب العاملين في مجال الإدمان وكذلك تدريب المتعافين ومن المهم:

- أن يدرك المتعافون في هذه الفترة مشكلتهم إنها مشكلة مرضية، وليست مجرد تعود على عادة سيئة، وكأي مرض آخر فان الإدمان يؤثر على حياة الإنسان ويؤدي إلى مشاكل خطيرة ومضاعفات كثيرة وإن أكثر مشاكل هذا المرض هي في الرغبة إلى العودة للإدمان والتي تمثل لب المشكلة .

- إن تغيير نمط حياة هؤلاء المتعافين هي خطوة أولي وهامة في القضاء على هذه الرغبة. إن جلسة علاج الرغبة الملحة في العودة للإدمان يجب أن تبحث في أولها ولمدة عشرين دقيقة الأسباب التي تدفع إلى هذه الرغبة والأحاسيس المؤلمة والمصاحبة لها وتكون في صورة حقائق علمية واضحة يجب أيضا أن نشرك المتعافين في النقاش وان يتذكر كل واحد منهم سبب عودته للإدمان في مرات سابقة بعد علاجه وما هي أكثر المواقف التي تؤدي بالإنسان إلى هذه العودة.

- إن التفكير في العودة للمخدرات يعاود المتعافين من الإدمان من فترة إلى أخري نتيجة لذكريات تطل عليهم من الماضي مؤثرة على موقفهم الراسخ في مواجهة المشكلة0

- إن حياة المدمن تتغير مع بداية تعاطيه للمخدرات ذلك أن سلوكه مع استعمال المخدرات يتغير بأن يسلك طرقا مختلفة حتى يصل لشراء المخدر، ويرتبط هذا بميعاد شبه ثابت يعتاد معه على رؤية مجموعة معينة يتعامل معها بانتظام لتوفير المخدر وترتبط هذه العلاقة بأساس زائف بالسعادة حيث يذهب اليهم وهو يعاني الإلحاح لانتهاء ما معه من مخدرات، وما أن يلقاهم حتى يتغير إحساسه من الألم والاكتئاب والقلق إلى الشعور الزائف بالراحة بعد تعاطي المخدر ويرتبط ذلك مباشرة بإحساس غامر بالسعادة لرؤيتهم.

- إن هؤلاء الذين يرتبط المدمن بهم من مجموعة أفراد يتعاطي معهم ومجموعة يشتري منها المخدر كثيرا ما يتقابل معهم بعد العلاج وقد يطلق ذلك عنان الذاكرة لأوقات العادة الزائفة السابقة، وكثيرا ما يسارع أولئك المتاجرون بالعرض والإلحاح على أولئك المتعافين للعودة

للإدمان وتحت تأثير إلحاحهم وقبل أن يفكر فإنه قد ينزلق إلى مجاراتهم مجاملة لهم.، ومن هنا قد يكون موقفه الشخصي ضعيفا في مواجهتهم.

- إن الإلحاح والرغبة في العودة للإدمان يتلاشى كليا مع مرور الوقت حيث تفقد هذه الجماعات تدريجيا قدرتها على استثارة المتعافين من الإدمان مع ازدياد إرادة هؤلاء المتعافين نتيجة لاستمرار تحسنهم ومحافظتهم على البقاء بعيدا عن تعاطي المخدرات ولعدم استعدادهم للعودة إلى المشاكل القديمة التي عانوا منها أثناء الإدمان.

- إن التغلب على الإلحاح في العودة للإدمان يحتاج من المتعافين إلى المحافظة على نقائهم من المخدرات، وصبرهم وقدرتهم على الحصول على الثقة والدعم من الآخرين وبناء صداقات جديدة.

- إن الإرادة تقهر أي إلحاح مهما كان دافعه أو قوته وذلك يتطلب مواجهة أولئك الذين يستفيدون من سقوط البعض في الإدمان .

- إن ذلك كله يجب أن لا يصاحبه محاولة اختبار النفس فإن التعرض لهذه المشاكل لن يكون بأي حال عاملا إيجابيا بل هو خطأ وضياع للجهود وتشتيت للإرادة.

عناصر علاج الرغبة الملحة في العودة للمخدرات والإدمان :

1- إن الرغبة الملحة في العودة للإدمان مشكلة ناتجة من طول تأثير الإدمان على الجهاز العصبي.

2- إنه لتجنب الرغبة الملحة للعودة للإدمان يجب تجنب الأشخاص والأماكن التي ارتبطت في مخيلة المدمن بإدمانه السابق.

3- إن من توقف عن الإدمان يجب عليه تجنب استعمال عقاقير أو بدائل ولو مؤقتة. ويجب تجنب البدائل لأن استعمالها يؤدي إلى عودة الإلحاح إلى المادة التي سبق إدمانه عليها.

4- إن التعرض إلى مواقف الإلحاح والرغبة في العودة للإدمان بدون حدوث العودة للإدمان يؤدي تدريجيا إلى ازدياد الإرادة، وكلما أدرك الإنسان هذه المواقف وامتنع عنها ازدادت محصلة الإرادة.

5- إن الامتناع عن الحصول على الأحاسيس المصاحبة للإدمان مثل النشوة الشديدة أو الكسل الشديد هو العامل الأكبر لانعدام تأثيرها السلبي.

6- إن العودة إلى صداقات قديمة بعد مدة من الامتناع عن الإدمان، مثل صديق قديم أو جار قديم ارتبط بالإدمان ولم يحسم الإنسان علاقته به ولم يدرك ذلك الصديق موقف المدمن من إدمانه قد يكون ذا تأثيرات سلبية في استمرار توقف المدمن عن التعاطي. ويجب الحذر في هذه المواقف والمبادرة بإظهار حقيقة توقفك عن الإدمان حتى لا يكون له تأثير يذكر على من ازدادت إرادته وامتنع عن العودة للمخدرات.

7- إن الرغبة والإرادة للتوقف عن الإدمان تحتاج إلى صداقات جديدة وتعلم طرق جديدة للحصول على الاسترخاء والاطمئنان والتمتع بالحياة بالطرق الصحية، وكيفية التمتع بأن يكون الإنسان فردا منتجا وناضجا، وذلك كله يؤدي إلى انعدام تأثير الإلحاح والرغبة في العودة إلى الإدمان، إن الإرادة الحقيقية تنمو مع الأيام من العمل ومع الصحبة الطيبة ومن مساعدة الآخرين.

8- قد تغلبك الرغبة والإلحاح في العودة للإدمان، إذا حدث ذلك عد فورا لا انقطاعك السابق عن المخدرات والى إرادتك السابقة، إن الانزلاق إلى المخدرات قد لا يعني فشلك وضياع جهدك السابق ولكن هو توقف في طريق النجاح، عد فورا إلى طريق نجاحك في مواجهة الإلحاح والرغبة للعودة للإدمان وتعلم من ذلك ما يحميك من تكرار هذه الزلات مرة أخرى.

تجنب المواقف التالية :

1. أن تكون في مكان يباع فيه أو يتم تداول المخدرات أو حيث يجلس المدمنون.

2. تجنب المواقف السلبية مثل الغضب والكآبة والوحدة والخوف.

3. تجنب الإحساس باللذة مع أي دواء عادي .

4. تجنب الاستماع أو قراءة القصص التي تؤدي فيها المشاكل بصاحبها إلى الإدمان.

5. تجنب الآلام الجسدية وخذ النصيحة الطبية السليمة فور حدوث تلك الآلام.

6. تجنب وجود مال كثير في يدك، حاول أن تستغل أموالك في الاستثمارات المختلفة.

7. تجنب الاطمئنان إلى أنك قد انتهيت من إدمانك وأنه يمكنك أن تتمتع بالمخدرات مرة أخرى مؤقتا باعتقاد أنها لن تؤثر عليك مرة أخرى فإن ذلك خطر وخطأ كبير.

إننا جميعا نواجه مشاكل الحياة بقوة الإرادة والتصميم على اجتياز المحن، غير أن أولئك الذين تركوا الإدمان حديثا يضطربون بشدة لأقل توتر أو لأقل مشكلة، ويظهر ذلك في زيادتهم لجرعة المخدر أو تغيير نوع المخدر لنوع أشد تأثيرا، ومعنى ذلك أن إرادتهم قد تضعف سريعا في مواجهة المشاكل في الفترة الأولى بعد التوقف عن الإدمان، إن ما يحتاجه المتعافون من الإدمان في هذه الفترة هو التخطيط الجيد والمساعدة السليمة، والحد من التوترات والحد من مضاعفات مواقف معينة وذلك بتغيير استجابتهم لهذه المواقف.

الفصــل الخامس
العــــلاج

× تدابير العلاج

× وسائل التأهيل

× التخطيط للعلاج

× مراحل العلاج

× فعالية العلاج

× دور الإرشاد النفسي في علاج الإدمان

× دور الإرشاد الجمعي في علاج الإدمان

× المدمنون المجهولون

الفصل الخامس

العـــــــــلاج

عند الحديث عن علاج الإدمان، لابد من إدراك أن هذا الأمر ليس سهلا، ويجب أن يتم تحت الإشراف المتخصص المباشر، وفى مكان مناسب لذلك، كالمصحات والمراكز المخصصة لعلاج الإدمان، حيث يتم علاج كل مدمن بالطريقة المناسبة للعقار الذى أدمن عليه، وبما يتناسب مع شخصيته وحجم إدمانه ومداه0

والخطوة الأساسية الأولى في العلاج هي إيجاد دافعية لدى المدمن لتغيير سلوكه الإدماني، ويتطلب هذا مراجعة نوع المادة أو المواد المستعملة، وكميتها، وطريقة استخدامها، ووجود أي دليل على الإدمان على هذه المواد، ومن ثم إرشاد المدمن إلى مخاطر الاستمرار في تعاطي هذه المواد، وتعرض عليه المساعدة في حل مشاكله الشخصية أو الاجتماعية التي تساهم في استمرار ذلك السلوك.

والخطوة التالية هي سحب المادة المخدرة أو التوقف عنها، وإذا خشي من ظهور أعراض انسحاب شديدة مثل النوبات الصرعية وغيرها فيفضل أن يتم ذلك في المستشفى، ويمكن إجراء الانسحاب في المنزل تحت المراقبة الشديدة، ويتم الانسحاب بتخفيض المادة المستعملة تدريجياً على مدى أسبوع إلى ثلاثة أسابيع، وذلك حسب كمية المادة المستعملة.

وبعد ذلك يتم تحديد أهداف قابلة للتحقق والاتفاق مع المدمن على تحقيقها في فترة زمنية محددة، وهذه الأهداف هي(ابو حجلة،1998):

1. وقف الاتصال مع الأفراد المدمنين أو الذين يتعاطون المخدرات.
2. محاولة بناء علاقات اجتماعية إيجابية جديدة.
3. معالجة المشكلات الشخصية والاجتماعية.
4. تنمية اهتمامات ومهارات جديدة.

فيما يلي بعض الأهداف الأساسية لبرامج العلاج والتأهيل :

1. تحقيق حالة من الامتناع عن تناول المخدرات وإيجاد طريقة للحياة أكثر قبولاً.

2. تحقيق الاستقرار النفسي لمدمن المخدرات بهدف تسهيل التأهيل وإعادة الاندماج الاجتماعي.

3. تحقيق انخفاض عام في استعمال المخدرات والأنشطة غير المشروعة.

تدابير العلاج

وتتضمن هذه عادة ما يلي :

× مواجهة آثار الجرعات الزائدة.

× مواجهة حالات الطوارئ المرتبطة بالانقطاع عن تناول المخدرات المسببة للإدمان.

× الحالات الطبية العقلية الطارئة الناجمة عن استعمال المخدرات.

× إزالة تسمم الأفراد المدمنين على استعمال مخدرات معينة.

× تعاطي الأدوية المضادة فسيولوجيا للمخدرات والتي تفسد تأثير مشتقات الأفيون وتجعل تعاطيها لا طائل من ورائه.

× مساعدة المدمنين على تحقيق وجود متحرر من المخدرات على أساس العلاج في العيادة الخارجية.

وسائل التأهيل

في حين أن هذه التدابير تختلف من بلد إلى بلد، فإن الوسائل التالية هي الأكثر شيوعاً في التطبيق:

× برامج لرفع مستوى المؤهلات التعليمية والمهارات للمتعالجين حتى يتم تأهيلهم إما للتعليم اللاحق أو للتدريب المهني.

× تدريب مهني.

× تشغيل بيوت إقامة وسيطة لمساعدة المترددين من الانتقال تدريجياً من محيط المؤسسات العلاجية إلى الحياة المستقلة .

التخطيط للعلاج

من المهم قبل الشروع في برامج العلاج أن نضع في الاعتبار بعض القضاياً التي تؤثر على تصميمها وتنفيذها، ويمكن أن يؤدي تحديد هذه العوامل إلى برامج أقل تكلفة وأكثر فعالية لتحقق أفضل استخدام للقوى العاملة والمنشآت القائمة في المجتمع.

الهدف من العلاج

- × المحافظة على دافعية المريض للعلاج.
- × مساعدة المريض على تجنب الانتكاسة.
- × التخلص من المشاكل النفسية التي تسبب الإدمان.

ربط العلاج بالتأهيل النفسي والدمج الاجتماعي

إن قدرة العلاج وحده محدودة في مساعدة المدمنين على المخدرات في الوصول لحالة تحرر من المخدرات، وأن يعودوا لطريقة حياة مثمرة وأكثر إنجازا. والعلاج في هذا الإطار، هو خطوة مبكرة في عملية أطول، وينبغي ربط برامج العلاج منذ البداية بتلك التدابير الأوسع نطاقاً والتي تشكل تدابير تأهيلية مع غيرها من التدابير للمساعدة على استعادة الصحة. وإذا وضع هذا الاعتبار في وضع السياسات، فإن البرامج ستكون أكثر نجاحاً.

طرق بديلة للحياة

يكمن جانب من برامج التأهيل في تعلم الخبرات النفسية السوية والأفضل والأكثر دواماً من خبرات تعاطي المخدرات. وأحد طرق تعلم الخبرات النفسية السوية يكون من خلال تعلم خبرات بديلة. وسيختلف هذا من شخص لآخر، فقد يتعلم البعض مهارات سلوكية جديدة، أو ينخرطوا في الرياضة والأنشطة الاجتماعية، وقد يجد آخرون متعة في الموسيقى أو الفن.

وقد يهتم بعض الشباب بتطوير وعي أكبر بالذات، ويهتم آخرون بتطوير وعي أكبر بالآخرين، وقد يبدي البعض اهتماماً كبيرا بالنواحي الدينية ودروس العلم، وكل ذلك يتم من خلال البرامج التأهيلية.

الطرق الطبية للعلاج

إذا أفلتت فرصة الفرد من الوقاية فعلينا أن نتمسك بفرصة العلاج لتكون الحل الأخير، سواء

للوصول إلى تخليص الفرد من تلك الأضرار الصحية المدمرة، أو لإنقاذه من معاناة وآلام مرحلة الانسحاب على حد سواء، وعلاج الإدمان له مراحل متتالية، لا يمكن تجزئته بالاكتفاء بمرحلة منه دون أخرى، أو تطبيق بعضه دون بعض، لأن ذلك يضر به ويضعف من نتائجه المرجوة، فلا يجوز مثلاً الاكتفاء بالمرحلة الأولى المتمثلة في تخليص الجسم من السموم الإدمانية دون العلاج النفسي والاجتماعي، لأنه حل مؤقت ولا يجوز الاكتفاء به، وذلك دون إعادة صياغة علاقة المتعالج من الإدمان بأسرته ومجتمعه، ثم دون متابعة الحالة لمنع الانتكاسة المحتملة التي تمثل خطراً شديداً على مصير العملية العلاجية ككل.

وكما أن العلاج وحدة واحدة، فإنه أيضاً عمل جماعي يبدأ من المدمن ذاته الذي يجب أن تتاح له الفرصة ليسهم إيجابياً في إنجاحه، ويؤمن بهذا القول حتى ولو كان العلاج بغير إرادته كأن يكون بحكم قضائي أو تحت ضغط الأسرة، بل إن مشاركة الأسرة ذاتها ضرورة في كل مراحل العلاج، ويحتاج الأمر أيضاً إلى علاج مشاكل الأسرة سواء كانت هذه المشاكل مسببة للإدمان أو ناتجة عنه.

ومن الضروري أن لا يقتصر العلاج على كل ذلك، بل يجب أن تتكامل التخصصات العلاجية وتتحدد وصولاً إلى النتيجة المطلوبة، وهى الشفاء التام وليس الشفاء الجزئي أو المحدود، ذلك أن الشفاء الحقيقي لا يكون مقصوراً فقط على علاج أعراض الانسحاب ثم ترك المدمن بعد ذلك لينتكس، إنما يجب أن نصل معه إلى استرداد صحته الأصلية من وجوهها الثلاثة، الجسدية والنفسية والاجتماعية، مع ضمان عودته الفاعلة إلى المجتمع ووقايته من الانتكاسة في مدة لا تقل عن ستة أشهر في الحالات الجديدة، أو سنة إلى سنتين في الحالات التي سبق لها أن عانت من انتكاسات متكررة.

وعلى العموم فإنه كلما ازداد عدد الانتكاسات وزادت خطورة المادة الإدمانية يجب التشدد في معايير الشفاء حتى في الحالات التي يصحبها اضطراب في الشخصية أو التي وقعت في السلوك الإجرامي مهما كان محدداً.

مراحل العلاج

هناك مراحل مهمة في علاج المدمنين على المخدرات وهذه المراحل هي:

المرحلة الأولى:

1. مرحلة العلاج الدوائي (مرحلة التخلص من السموم)

وهى مرحلة طبية في الأساس، ذلك أن جسد الإنسان في الأحوال العادية إنما يتخلص تلقائياً

من السموم، ولذلك فإن العلاج الذي يقدم للمتعاطي في هذه المرحلة هو مساعدة هذا الجسد على القيام بدوره الطبيعي، وأيضاً التخفيف من آلام الانسحاب مع تعويضه عن السوائل المفقودة، ثم علاج الأعراض الناتجة والمصاحبة لمرحلة الانسحاب، وقد تتداخل هذه المرحلة مع المرحلة التالية لها وهى العلاج النفسي والاجتماعي، ذلك أنه من المفيد البدء مبكرا بالعلاج النفسي الاجتماعي فور تحسن الحالة الصحية للمتعاطي.

ويستخدم العلاج الدوائي في هذه المرحلة لمعالجة أعراض الانسحاب، أي الأعراض التي تظهر عند سحب المادة المخدرة من جسم المدمن بالإضافة إلى علاج الاضطرابات النفسية التي قد تصاحب حالة الإدمان مثل: الاضطرابات ثنائية القطب (Bipolar disorders) وحالات الاكتئاب (Depression) وحالات الفصام (Schizophrenia) وحالات الهذيان (Delirium) أو حالات الذهان الأخرى (Psychosis) ويستخدم في العلاج الدوائي مادة الكلورميتازول (Chlormethiazol) والهيمنفرين (Heminevrin) وهي العقارات المفضلة لعلاج حالات تعاطي الكحول كما يستخدم الكلوربرومازين (Chlorpromazine) مع الايبوبروفين (Ibuprofen) وهذان من العقاقير المستخدمة في علاج حالات الهيروين، ويتم ذلك خلال الأيام (3-6) الأولى من دخول المدمن إلى المركز العلاجي، ومن المتوقع أن يتم العلاج الدوائي والطبي في الأسبوع الأول من مرحلة العلاج.

تقع هذه المرحلة ضمن اختصاص الطب النفسي حيث يتولى الطبيب النفسي المسؤولية في هذه المرحلة مع وجود الأخصائي النفسي لتقديم الدعم النفسي للمدمن (الزراد وأبو مغيصيب،2001) .

المرحلة الثانية:

2. العلاج والتأهيل النفسي :

ويتم فيها العلاج النفسي الفردي والعلاج النفسي الجمعي، ويبدأ العلاج النفسي بالعلاج النفسي الفردي (Individual Psychotherapy) ويهدف إلى مساعدة المريض في تفهم مشكلته ومساعدته على تنمية حلول لمشكلاته العاطفية والنفسية والسلوكية والمعرفية والاجتماعية وكذلك مساعدته على التوافق مع ظروف الحياة وتعديل اتجاهاته وأفكاره ودافعيته نحو إدمانه وعادة يستخدم العلاج المعرفي والعلاج السلوكي والعلاج السلوكي المعرفي والعلاج الانتقائي ويقوم بهذا النوع من العلاج الأخصائي النفسي (الزراد وأبو مغيصيب،2001).

ويستخدم في هذه المرحلة بالإضافة إلى العلاج الفردي، العلاج النفسي الجمعي (Group Psychotherapy)ويعتمد العلاج النفسي الجمعي على فكرة أن العديد من مشكلات الأفراد السلوكية والاجتماعية والعقلية تتعلق بالآخرين، بما في ذلك مشاعر العزلة والنبذ والانطواء، وعادة يسبق العلاج النفسي الجمعي العلاج النفسي الفردي، وذلك لمعرفة الفروق الفردية بين الأفراد المدمنين أو المرضى، ومعرفة مدى تجانس المشكلات التي يعانون منها ومشاكلهم الخاصة، ومدى استعدادهم للمشاركة في العلاج النفسي الجمعي، وكذلك الوقوف على اتجاهاتهم المختلفة نحو العلاج ودافعيتهم وبعض سماتهم الشخصية واضطراباتهم، وغير ذلك مما يزود المعالج النفسي بمعلومات يتم الاعتماد عليها في جلسات العلاج النفسي الجماعي.

ويفيد العلاج النفسي الجماعي في حالات الإدمان بشكل كبير ويفيد في حالات توجيه أسر وأباء المدمنين أيضا، ويفيد في حالات توكيد الذات، وتعلم المهارات الاجتماعية وحالات الخجل عند المدمنين، والعلاج النفسي الجماعي يمكن أن يستخدم في مرحلة الانسحاب، والعلاج النفسي الجماعي له تقنياته ومهاراته اللازمة وله مبادئه الخاصة به وأهدافه، ويهدف إلى تنمية مهارات وعلاقات اجتماعية وتخفيف الاضطرابات البينشخصية (Interpersonal)التي تكونت بسبب الآخرين والتعلم منهم وتنمية الثقة بالنفس والاستبصار بمشكلة الإدمان، ويقوم بهذا النوع من العلاج النفسي الجماعي والمنظم الأخصائي والمرشد النفسي حصرا، أما الطبيب النفسي أو الممرض فإنهما يحتاجان إلى تعليم وتدريب ومهارة عالية لأداء هذا النمط من العلاج الذي يقع في اختصاص علم النفس (الزراد و أبو مغيصيب، 2001) .

ويذكر (بوكستين،2000) ان هناك قائمة بالمهارات الاجتماعية يمكن ان تكون ملائمة للمراهقين الذين يسيئون استخدام المواد النفسية، وهذه المهارات هي:

× مهارات رفض العقاقير والكحول Deug and Alcohol Refusal Skills

*الوقاية من حدوث الانتكاسة Relapse Prevention

*مهارات الاتصال Communication Skills

*الاتصال غير اللفظ Communication Nonverbl

*التدريب التوكيدي Assertiveness training

*مهارات حل الصراع Conflict resolution skills

*مارات حل المشكلات Problem Solving Skills

*التدريب على التحكم في الغضب   Anger Control Training

*التدريب على الاسترخاء   Training Relaxation

*قضاء وقت الفراغ   Time Management -Leisure

المرحلة الثالثة:

3. مرحلة التأهيل والرعاية اللاحقة:

وتنقسم هذه المرحلة إلى ثلاثة مراحل أساسية :

أ- مرحلة التأهيل العملي :

وتهدف هذه المرحلة إلى استعادة المدمن لقدراته وفاعليته في مجال عمله، وعلاج المشكلات التي تمنع عودته إلى العمل، أما إذا لم يتمكن من هذه العودة، فيجب تدريبه وتأهيله لأي عمل آخر متاح، حتى يمارس الحياة بشكل طبيعي.

ب- التأهيل الاجتماعي :

وتهدف هذه المرحلة إلى إعادة دمج المدمن في الأسرة والمجتمع، وذلك علاجاً لما أنتجه الإدمان، حيث يؤدي الإدمان إلى ابتعاد المدمن عن شبكة العلاقات الأسرية والاجتماعية، ويعتمد العلاج هنا على تحسين العلاقة بين الطرفين (المدمن من ناحية والأسرة والمجتمع من ناحية أخرى) وتدريبهما على تقبل وتفهم كل منهما للآخر، ومساعدة المدمن على استرداد ثقة أسرته ومجتمعه فيه وإعطائه فرصة جديدة لإثبات جديته وحرصه على الشفاء والحياة الطبيعية.

جـ- الوقاية من الانتكاسة:

الانتكاسة ظاهرة طبيعية يعيشها المدمنون المتعافون من الإدمان وفي المراحل الأولى بعد انتهاء العلاج، حيث يختبر المدمن شعوراً قوياً للانتكاسة، وتشير الدراسات إلى انه من (40-60%) من الأفراد الذين يتم علاجهم يمرون بمرحلة الانتكاسة خلال السنة الأولى من العلاج، والانتكاسة هنا ليست اختيارية لان المدمن لا يستطيع السيطرة على الظروف الاجتماعية المحيطة به بعد العلاج (Richard,2001)).

فعالية العلاج

إن نتيجة العلاج للمرضى الذين يعانون من الإدمان الشديد ليست جيدة، ففي إحدى

الدراسات في الولايات المتحدة بقي (25% من المتعالجين متوقفين عن الإدمان لمدة ستة اشهر، وانخفضت هذه النسبة إلى (01%) بعد ثمانية عشر شهراً، ومهما كانت طريقة العلاج، لذلك لابد من التعرف على مشكلة الإدمان وعلاجها في وقت مبكر، وتبين أن نتيجة العلاج تتوقف على المدمن اكثر منها على طريقة العلاج، والنتيجة الجيدة تتوقف على الاستبصار الجيد لدى المدمن في طبيعة المشكلة، والدافعية العالية والدعم الأسرى، ووجود وظيفة مستقرة، والقدرة على عمل علاقات اجتماعية جيدة، والسيطرة على الاندفاعية، وكل هذه العوامل متوفرة في المرحلة المبكرة للمشكلة وبالتالي يسهل حلها (ابو حجلة،1998).

دور الإرشاد النفسي في علاج الإدمان

أن قضية الإدمان تشغل بال الكثيرين بسبب انتشارها بين جميع شرائح المجتمع، وجميع الفئات العمرية، ومن هنا فمواجهة هذه القضية أخذت العديد من الأشكال، ولعل شكل المواجهة بالإرشاد النفسي هو واحد من أهم تلك الوسائل التي بدأت تظهر، ذلك نتيجة لاتساع أساليب إرشاد المدمنين الفردية والجماعية. أشارت دراسات عديدة إلى أهمية استخدام الإرشاد والدعم النفسي في علاج الإدمان، كما أن إيقاف التعاطي ليس هو العلاج من الإدمان، فالسجن كفيل بإجبار المدمن على التوقف عن التعاطي بسبب عدم وجود المخدر، ولكن فور خروجه من السجن ربما ينتكس ويعود إلى التعاطي من جديد، ومن هنا فإن العلاج الحقيقي للإدمان هي فكرة الفرد وقناعته وإيمانه بترك المخدرات، والتعافي من الإدمان هو وجود الفكرة الإيجابية للامتناع عن التعاطي، والقدرة على الامتناع عنه ويتم ذلك من خلال المساعدة بالإرشاد النفسي (محمد،2001).

وأجرى محمد (2001) دراسة هدفت إلى التعرف على مدى فاعلية برنامج في الإرشاد النفسي في علاج الإدمان للطلبة المدمنين، وفاعلية برنامج في الإرشاد النفسي معد للطلبة المدمنين وآبائهم (في نفس الوقت) وذلك لمساعدة الطلاب المدمنين في التخلي والابتعاد عن سلوك الإدمان، والاندماج في الحياة بصورة طبيعية، تكونت عينة الدراسة من (18) طالبا من طلبة المرحلة الثانوية الفنية من المدمنين المتطوعين والمتابعين للعلاج الطبي من الإدمان في العيادات المتخصصة في مدينة بور سعيد في مصر، مقسمين إلى ثلاث مجموعات، المجموعة الأولى تتكون من (6) أفراد تتلقى العلاج الطبي فقط، والمجموعة الثانية تتكون من (6) أفراد تتلقى العلاج الطبي وبرنامجاً إرشادياً يطبق على الطلبة المدمنين لعلاج الإدمان، والمجموعة الثالثة تتكون من (6) أفراد تتلقى العلاج الطبي وبرنامجاً إرشادياً يطبق على الطلبة المدمنين وبرنامجاً إرشادياً يطبق على آباء الطلبة المدمنين، وفي مدى عمر زمني من (188) شهراً إلى (234) شهراً وبمتوسط عمري قدره

(210) أشهر وانحراف معياري قدره (51) شهراً، واستخدم الباحث في هذه الدراسة أداتين: الأولى استمارة بيانات أولية تتضمن بيانات أولية عن المدمن من حيث العمر و الجنس و الديانة و مرحلة التعليم ومستوى التحصيل و المستوى التعليمي للأب والأم ...، والأداة الثانية في هذه الدراسة هي: استبانة تعاطي المخدرات لقياس مستوى الإدمان لدى الطلاب والتي تم إعدادها من قبل الباحث مكونة من (36) فقرة .

أظهرت نتائج هذه الدراسة وجود فروق دالة إحصائيا بين القياس القبلي والبعدي، حيث توجد فروق دالة إحصائيا بين المجموعة الأولى (العلاج الطبي فقط) والمجموعة الثانية (العلاج الطبي وإرشاد الطلبة المدمنين) لصالح المجموعة الثانية، كما وجدت فروق دالة إحصائيا بين المجموعة الأولى (العلاج الطبي فقط) والمجموعة الثالثة (العلاج الطبي وإرشاد الطلبة المدمنين وإرشاد آبائهم) لصالح المجموعة الثالثة، كما وجدت فروق دالة إحصائيا بين المجموعة الثانية (العلاج الطبي وإرشاد الطلبة المدمنين) والمجموعة الثالثة (العلاج الطبي وإرشاد الطلبة المدمنين وإرشاد آبائهم) لصالح المجموعة الثالثة .

يشير هيرمان و مونيكا ونادي ((Hermano & Monica & Nady , 2003 إلى أن التدريب على المهارات الاجتماعية والواقع ضمن الأساليب السلوكية المعرفية، يعتبر من الأساليب غير التقليدية والفعالة في معالجة سلوك الإدمان وذلك من خلال المسح الذي قاموا به لدراسة فعالية البرامج المعرفية السلكية لمعالجة الإدمان، كما وجدوا أن إستراتيجيات منع الانتكاسة وحل المشكلات، كانت ضمن الاستراتيجيات غير التقليدية في معالجة الإدمان.

يؤكد بوكستين (2000) على أن سوء استخدام المواد المخدرة من قبل المراهقين يحدث نتيجة التفاعل المعقد بين العوامل النفسية والمهارات الاجتماعية والتأثيرات البيئية الأخرى. وفي الماضي كانت معظم البرامج العلاجية لسلوك التعاطي والإدمان مبنية غالبا على تفسيرات فورية متصلبة للإدمان، ووفقا لذلك فإن التعاطي والإدمان كان دائما المشكلة الأولية وبالتالي يتم إدراكه على أنه سبب لأي مشكلات إضافية تصيب المراهق، ومن خلال عملية مساعدته في الامتناع والتوقف عن التعاطي فإن المشكلات الأخرى يمكن أن تحل، ومع مرور الوقت أصبحت أهداف علاج تعاطي المخدرات والإدمان عليها أكثر شمولاً، وتمثلت في هدف واسع وهو التغيير الكلي في أسلوب حياة المراهق على افتراض أن التغيير في أسلوب الحياة يتطلب الامتناع الكلي عن استخدام المواد المخدرة. واشتملت البرامج الحديثة على تطوير المهارات الاجتماعية الأكثر تكيفا لتحسين العلاقات البينشخصية، وتطوير مفهوم الفرد عن ذاته ليكون أكثر رضا عن نفسه. وضع بوكستين عدداً من التوصيات الأساسية بالنسبة للمحتوى العام لبرامج علاج الإدمان، والهدف المبدئي من العلاج هو

جعل هؤلاء المراهقين يستمرون في الامتناع عن تعاطي المخدرات، كما يكون الهدف من العلاج أيضا تحسين الوظائف النفسية والاجتماعية بصورة إجمالية. وعلى الرغم من أن تحسن هذه الوظائف قد يبدو هو الهدف الأساسي إلا أن التحسن في هذه المجالات يؤدي إلى التحسن بشكل مباشر أو غير مباشر في الامتناع والتوقف عن التعاطي. وهناك قائمة بالمهارات الاجتماعية يمكن أن تكون ملائمة تماما لتحسين الوظائف النفسية والاجتماعية لدى المدمنين، ولهذه الوظائف ما يلائمها من تمارين وتقنيات لتنفيذها، فعلى سبيل المثال فإن لعب الدور والنمذجة والتغذية الراجعة يكون لها وجود في كل المجالات، لكن أثرها يكون طويل المدى بدرجة أكبر مع البرامج العلاجية، وقائمة المهارات الاجتماعية المناسبة لبرامج معالجة الإدمان هي : مهارات رفض الكحول والعقاقير والوقاية من حدوث الانتكاسة ومهارات الاتصال والتدريبات التوكيدية ومهارات حل المشكلات ومهارات قضاء وقت الفراغ .

واهتمت الأبحاث بتأثير وفعالية البرامج الوقائية والعلاجية لمشكلات تعاطي المخدرات والإدمان عليها، وازدادت هذه الأبحاث بشكل كبير في السنوات الأخيرة، وبدأ الاهتمام بالبحث عن البرامج العلاجية وتقييمها (leukefeld & Bukoski, 1991)، وتستفيد كل البرامج العلاجية القائمة من واحدة أو أكثر من أساليب و تقنيات الإرشاد في العلاج (Counseling Techniques)، وتتضمن أساليب وتقنيات متنوعة مثل :

× الاستماع الفعال (Active Listening).

× إقامة و تأسيس العلاقة والألفة (Establishing Rapport)

× الاستكشاف   (Exploration).

× التوجيه (Guidance).

× التدريب(Education).

× النمذجة (Modeling).

× التعزيز (Reinforcement) .

× الوعي بالمخدرات (Making Drug Signal Conscious).

× التدريب على الاسترخاء (Relaxation Training).

× التدريب التوكيدي Assertiveness Training.

× التنويم المغناطيسي Hypnosis.

× التوضيح Clarification .

× المواجهة(Confrontation).

× العكس) (Reflection.

× التشكيل)) Shaping.

× التفسير)) Interpretation.

و لا يحتوي البرنامج الواحد على كل هذه الأساليب مجتمعة، و في العلاج والإرشاد النفسي للإدمان يجد المتخصصون أن كل هذه الأساليب يمكن الاستفادة منها عند قيامهم ببناء البرامج العلاجية النفسية لمشكلة الإدمان، كما أن وعي المدمن بذاتة وأفكاره والناس من حوله ووعيه بأخطار المخدر هي من أساسيات العلاج النفسي للإدمان) (Levin, 2001.

ومن المهم للمعالج النفسي العمل بشكل جيد مع متعاطي ومدمني المخدرات من المراهقين والراشدين وأسرهم والتعرف على العوامل التي أحدثت تغييرات في حياتهم لتبنى البرامج الإرشادية والعلاجية بناء على هذه العوامل والتغييرات، ومعظم التدريبات في حقل الصحة النفسية والعلاج النفسي القائمة على معالجة سلوك الإدمان على المخدرات تهتم وتركز على تدريب العديد من المهارات ضمن البرامج الإرشادية والعلاجية ويمكن تدريب الأعضاء من خلال البرامج العلاجية على الخطوات الاثنتي عشرة، ويمكن استخدام العلاج السلوكي المعرفي وإستراتيجيات مقاومة الانتكاسة، ويكون هدف هذه البرامج هو إحداث التغيير في سلوك الإدمان ((McCollum & Trepper ,2001.

ويؤكد لي ((Lee,2002على أن هناك علاقة قوية بين الاستعداد للتغيير وعلاج الإدمان، وكلما كان هناك استعداد للتغيير والعلاج، يكون العلاج أكثر نجاحاً، كما أن متعاطي المخدرات يواجهون واحدة أو أكثر من المشكلات البيولوجية والنفسية والعاطفية والسلوكية والاجتماعية، والمدمنون بحاجة إلى المهارات التي تساعدهم في التكيف مع أنفسهم ومع البيئة من حولهم، وعندما يشعر الأفراد بسوء التكيف فإنهم يلجؤون إلى التعاطي وإلى المخدرات ليتكيفوا مع ضغوطاتهم وليشعروا بالرضا عن أنفسهم.

دور الإرشاد الجمعي

الإرشاد الجمعي هو التقاء المرشد النفسي مع عدد من الأشخاص الذين تتشابه قضاياهم ومشكلاتهم من خلال المجموعة الإرشادية بعد أن يتم تشكيلهم في مجموعات صغيرة، والإرشاد

الجمعي أحد طرق الإرشاد النفسي التي تتضمن مساعدة مجموعة من الأشخاص تتشابه مشكلاتهم من خلال حديث كل فرد منهم عن مشكلته، ومناقشتها مع الآخرين، ويستطيع أفراد المجموعة مع المرشد النفسي التوصل إلى طرق وأساليب لمساعدة كل فرد على مواجهة المشكلات والوصول إلى حلول لها. ويعتبر الإرشاد الجمعي من القطاعات الإرشادية الهامة التي يعمل بها المرشد النفسي. والمجموعة الإرشادية هي المكان الآمن التي يتحدث فيها الأفراد عن صعوباتهم وأسرارهم في جو يتصف بالتقبل غير المشروط، يخلو من اللوم والانتقاد، مما يدفع الفرد للتعبير عن مشاعره وأفكاره، فيفهم ذاته ويتقبلها ويتعلم المهارات الاجتماعية، ويتمكن من تحديد الأهداف ووضعالبدائل المناسبة المشتركة مع مجموعته، ثم يعمل معهم لتحقيق هذه الأهداف التي تتصف عموماً بأنها أهداف تكيفية وانفعالية واجتماعية.

ويهدف الإرشاد الجمعي إلى مساعدة الفرد ليفهم نفسه وقدراته وميوله ونقاط القوة والضعف لديه، ومساعدته في التعبير عن نفسه، وإبداء رأيه في جو من الأمن والتقبل والراحة، وتزويده بالثقة حتى يستطيع مواجهة مشاكله، وتنمية القدرة على تحمل المسؤولية، ومساعدته للبحث في هويته وأهدافه في الحياة ((Corey,1996.

ويؤكد باتريشا وستيفن (Patricia & Steven ,1998) على دور الإرشاد الجمعي في البرامج العلاجية للإدمان، ويشيران إلى أن الإرشاد الجمعي يجب أن يكون بمعدل جلستين في الأسبوع، وفي كل جلسة تبدأ المجموعة بالمناقشات والدخول إلى الجلسة وبنائها ويستغرق ما بين (10-51) دقيقة، ومن ثم يعطى من (54 ذ 55دقيقة للسماح للأفراد بممارسة أعمال الجلسة وتمارينها وتحقيق أهدافها، وآخر (10) دقائق تستخدم لإنهاء وتلخيص الجلسة، والإرشاد الجمعي يجعل الأعضاء يشعرون بأنهم عناصر أساسية وفعالة في المجتمع، وتعليم المهارات الاجتماعية وزيادة الثقة بالنفس والألفة تبدأ بالظهور في جو المجموعة.

وعند الشروع في بناء برنامج إرشادي للأفراد المدمنين على المخدرات، فإنه لا بد لهذا البرنامج من أن يغير في الأشخاص أنفسهم، ويعلمهم مهارات حياتية جديدة، ويعلمهم كيف يطورون من نظرتهم إلى أنفسهم، بحيث يصبح الفرد قادراً على معرفة ذاته وعلى ممارسة مهارات حياتية تكيفية جديدة.

المدمنون المجهولون

وعند الحديث عن العلاج والإرشاد الجمعي لمدمني المخدرات لا يمكن إغفال الاثنتي عشرة خطوة في علاج إدمان الكحول والمخدرات(Green,2002)، وهذه الخطوات مبنية على فلسفة مدمني

الكحول المجهولين (Alcohol Anonymous) (AAومدمني المخدرات المجهولين (Narcotics Anonymous) (NA)، ويطلق عليهم اسم المدمنون المجهولون وهم عبارة عن مجموعة من المدمنين من الرجال والنساء يعانون من مشكلة تعاطي المخدرات يجتمعون معا ليمنعوا بعضهم عن التعاطي، ويتعلمون الحياة بدون مخدرات، ويقول المدمنون المجهولون لقد بحثنا عن من يساعدنا ولم نجد، وفي أحيان كثيرة لم يفهم الأطباء مشاكلنا، وحاولوا مساعدتنا بإعطائنا الأدوية، كما حاول أزواجنا و وزوجاتنا وأحبائنا مساعدتنا، وأعطونا كل ما لديهم على أمل أن نتوقف عن التعاطي، أو نتحسن، ولكن كل ذلك كان بدون جدوى، إن مرضنا قد عزلنا عن باقي الناس، إلا فيما يتعلق بالحصول على المخدرات واستخدامها، لقد أصبحنا نشعر بالمرارة وبرفض المجتمع لنا وأصبحنا لا نهتم إلا بأنفسنا، وبذلك عزلنا أنفسنا عن العالم الخارجي، وأصبح أي موقف غير مألوف لدينا يشكل خطورة ويشعرنا بالقلق، وأصبحت العزلة هي حياتنا لقد نسينا المهارات الاجتماعية، وتكونت لدينا عادات وتصرفات غريبة، نسينا كيف نعمل، نسينا كيف نلهو، نسينا كيفية التعبير عن أنفسنا وإظهار الاهتمام بالآخرين، نسينا كيف نحس ونشعر. وبدأ المدمنون المجهولون يتعالجون من الإدمان (بدون أدوية) من خلال اجتماعات منظمة يتواجد فيها أكثر من مدمن معا لمساعدة بعضهم البعض على البقاء ممتنعين عن التعاطي (فهيم و لوزا، 1990) .

وبناء على فلسفة المدمنين المجهولين بني نموذج الاثنتي عشرة خطوة في علاج الإدمان ويطلق عليه نموذج المدمنين المجهولين، وقد سمي فيما بعد برامج نموذج منيسوتا (Minnesota Model Programs) وتعرف أيضا ببرامج المساعدة الذاتية، وفلسفة هذا النموذج مستمدة من الاعتقاد القائل بأن التغيير ممكن، ولكن بشرط اعتراف الفرد المدمن بمشكلته مع الإدمان واعترافه بعدم مقدرته في السيطرة عليه، ويجب أن يتعلم كيف يعيش معه بأسلوب تكيفي ويتحمل المسؤولية الفردية لتغيير نفسه بدرجة أكبر، وتصبح علاقاته البينشخصية والاجتماعية أفضل مما هي عليه.

وتشتمل مكونات البرامج المبنية على مدمني المخدرات المجهولين على العلاج الجمعي وعدداً من المهام التي تشتمل القيام بعمل (12) خطوة، وحضور جلسات هذا البرنامج والإرشاد والأنشطة الترفيهية (بوكستين، 2000،) Maisto&Galizio&Connors,1999 Meyers& Miller, 2001.

الفصل السادس
برنامج الدكتور محمد المشاقبة
للعلاج النفسي للإدمان

> البرنامج العلاجي
> آلية تطبيق البرنامج
> أهداف البرنامج
> الأسس التي يقوم عليها البرنامج
> الفئة المستهدفة
> جلسات البرنامج

الفصل السادس

برنامج الدكتور محمد المشاقبة للعلاج النفسي للإدمان

يتكون هذا البرنامج من (12) جلسة إرشاد جمعي، وزمن الجلسة الواحدة (90) دقيقة. وهذا البرنامج من إعداد وتصميم الكاتب، ومثبتة فعاليته في العلاج النفسي للإدمان،حيث تم تطبيقه من قبل الكاتب في مركز علاجي متخصص لعلاج الإدمان على المخدرات.

آلية تطبيق البرنامج

1. يطبق هذا البرنامج في المراكز العلاجية المتخصصة في علاج الإدمان على المخدرات، وللأفراد الراغبين في العلاج.
2. يتم تطبيقه في المرحلة الثانية من العلاج وهي مرحلة العلاج والتأهيل النفسي، أي بعد الانتهاء من مرحلة العلاج الدوائي.
3. يقوم بتطبيقه المرشد أو الأخصائي النفسي.
4. يطبق بطريقة الإرشاد الجمعي.
5. يطبق مع البرامج الأخرى الموجودة في المراكز العلاجية، مثل العلاج الديني والاجتماعي والأسرى وغيرها.

أهداف البرنامج

1. تطوير مفهوم الذات والمهارات الاجتماعية لدى المدمنين لما لهما من أثر في تغيير نمط حياة الأفراد وإيجاد طرق جديدة للحياة بدون مخدرات.
2. مساعدة المدمنين على الشعور بأنهم قادرين على العيش وعلى تقبل الآخرين لهم بدون اللجوء إلى المخدرات.
3. التخلص من المشكلات النفسية التي تؤدي إلى تعاطي المخدرات والإدمان عليها.
4. مساعدة المدمن على تجنب الانتكاسة، من خلال المهارات الاجتماعية التي يكتسبها من البرنامح وتطور مفهوم الذات لديه.

5- مساعدة المدمنين على تكوين اسلوب حياة جديد من خلال المهارات التي تعلموها. والتفاعل مع الآخرين باسلوب حياة جديد.

الأسس التي يقوم عليها البرنامج

تم بناء البرنامج وفق مجموعة من الأسس:

الأسس العامة:

إن السلوك الإنساني سلوك متعلم بطرق التعلم المختلفة، والإدمان عبارة عن سلوك مثل السلوكات الإنسانية الأخرى أي متعلم وقابل للتغيير، وبالتالي يمكن تعديله وتغييره.

الأسس النفسية:

الاهتمام بمفهوم الذات وتطوير ثقة الفرد بنفسه ليستطيع مواجهة متطلبات الحياة، والتعبير عن نفسه ضمن المجموعة الإرشادية، والتعرف على نقاط قواه واستغلالها.

الأسس الاجتماعية:

الإنسان كائن اجتماعي ويعيش ضمن بيئة اجتماعية يؤثر فيها ويتأثر بها، وتم استخدام الإرشاد الجمعي لما له من أهمية في تطوير مهارات الفرد في مواجهة المواقف الاجتماعية المختلفة.

الفئة المستهدفة

الأفراد المدمنين على المخدرات الراغبين في العلاج والتخلص من الإدمان والموجودين في المراكز المتخصصة لعلاج الإدمان على المخدرات.

مرحلة التطبيق:

يتم تطبيق هذا البرنامج في المرحلة الثانية من مراحل علاج الادمان وهي مرحلة العلاج والتأهيل النفسي، حيث يقوم المرشد النفسي أو الاخصائي النفسي أو المعالج النفسي بتطبيقه بطريقة الارشاد الجمعي.

برنامج الارشاد الجمعي للمدمنين على المخدرات

الجلسة الأولى

أهداف الجلسة

- أن يقوم الأعضاء بالتعرف على بعضهم البعض والتعرف على المرشد.

- أن يقوم الأعضاء بالتعرف على بعض الأسس والمعايير التي ستحكم عمل المجموعة.
- أن يقوم الاعضاءبالتعرف على الإرشاد الجمعي والبرنامج الإرشادي.
- أن يقوم الاعضاءبالتعرف على توقعاتهم من البرنامج.

الهدف (1)

- أن يقوم الأعضاء بالتعرف على البرنامج الارشادي المقدم.

النتيجة المتوقعة لهذا الهدف:

- التعرف على الإرشاد الجماعي.
- التعرف على محتويات وعناصر البرنامج.
- التعرف على آراء الاعضاء في البرنامج.

الإجراءات:

- يقوم المرشد بالترحيب بالاعضاء، ويشكرهم على اهتمامهم وتعاونهم معه، ثم يوضح لهم ان مثل هذه الاجتماعات تسمى ارشادا جمعيا، والارشاد الجمعي هو لقاء مجموعة من الافراد مع بعضهم البعض، تجمعهم مشاكل وهموم وصعوبات مشتركة، يتحدثون عنها في جو آمن، ويتعلمون مهارات حياتية جديدة للتعامل معها.
- يوضح المرشد للاعضاء ان هدف البرنامج الحالي هو تطوير مفهوم الذات وتطوير مجموعة من المهارات الاجتماعية، وممارستها في الحياة اليومية، وذلك لقضاء وقت الفراغ والاستمتاع بالنشاطات اليومية، وزيادة الثقة بالنفس، والتفاعل مع الآخرين للتقليل من مستوى الادمان لديهم، ومن خلال زيادة وعيهم وثقتهم بانفسهم، وتفاعل مع الآخرين واحداث الحياة بطريقة جديدة وبدون مخدرات. ويتضمن هذا البرنامج مجموعة من التمارين التي سيمارسون من خلالها ويتدربون على مهارات جديدة، ويحتوي هذا البرنامج على (12) جلسة تناقش فيها مواضيع مختلفة تتعرض لمفهوم الذات وللمهارات الاجتماعية.
- يسأل المرشد الاعضاء عن رأيهم في البرنامج واذا ما كان لديهم اي استفسارات أو أسئلة حول البرنامج، ويتم أخذ موافقتهم على الاستمرار في البرنامج.

المواد المستخدمة: لا شيء.

الزمن (30) دقيقة

الهدف (2)

- أن يقوم الاعضاءبالتعرف على بعضهم البعض.

النتيجة المتوقعة لهذا الهدف:

- أن يتعرف الاعضاء على بعضهم البعض من خلال الأسماء.

- أن يتعرف القائد على الأعضاء من خلال الاسم ويتعرف الأعضاء على القائد.

- مدخل إلى المجموعة والبدء بها.

- بناء أسس الثقة في المجموعة.

الإجراءات:

- يوضح المرشد أهمية التعارف بالأسماء بين الأعضاء أنفسهم وبين الأعضاء والقائد في المجموعة، وأثره في خلق جو من الألفة والمودة والمعرفة، ويبين لهم ان التخاطب بذكر الاسماء يسهم في كسر الحواجز ما بين الاعضاء.

تمـرين (1) التعارف بالاسماء

الهـدف من التمـرين:

- أن يقوم الأعضاء بالتعرف على بعضهم البعض من خلال الاسم.

إجـراءات التمـرين:

- يبدأ المرشد بالتمرين وذلك بالتعريف باسمه أولاً، ويذكر صفة من صفاته الشخصية.

- بعد ذلك يطلب المرشد من العضو الذي يجلس على يمينه بأن يعرف بنفسه، ويذكر صفة من صفاته الشخصية، ويعرف باسم المرشد.

- بعد ذلك يبدأ العضو الثاني على يمين المرشد بالتعريف بنفسه، ويذكر صفة من صفاته الشخصية، ويذكر اسم العضو الذي سبقه واسم المرشد.

- بعد ذلك تستمر عملية التعارف بحيث يعرف كل عضو على نفسه وعلى الأعضاء الذين عرفوا أنفسهم قبله.

- يطلب المرشد من جميع الأعضاء وكما يفعل هو بأن يذكر كل عضو أسماء الأعضاء الآخرين في المجموعة.

المـواد المستخدمة: لاشيء

الزمن (20) دقيقة

الهـدف (3)

- التعرف على توقعات الأعضاء من البرنامج.

النتيجة المتوقعة لهذا الهدف:

- أن يتعرف الأعضاء والقائد على توقعات الأعضاء.
- أن يتعرف الأعضاء على التوقعات الواقعية وغير الواقعية.

الإجراءات:

- يطلب المرشد من الأعضاء كتابة التوقعات التي يتوقعونها من هذا البرنامج على ورقة، وكل عضو يجب أن يكتب توقعان على الأقل.

- بعد ذلك يعرض كل عضو توقعاته ويدور نقاش حول هذه التوقعات ويسأل المرشد الأعضاء أي هذه التوقعات معقول وأيها غير معقول.

- يعلق المرشد على التوقعات ويسأل الأعضاء أي التوقعات معقولة واي التوقعات غير معقولة، وكذلك يدور نقاش عن السبب وراء معقوليتها أو عدم معقوليتها.

- يناقش المرشد المعايير الأساسية لهذا البرنامج من حيث أهداف البرنامج الالتزام بمواعيد الجلسات،مدة الجلسة، مكان الجلسات، السرية، الاحترام المتبادل، المشاركة الفعالة،الواجبات البيتية، التعبير عن الانفعالات والمشاعرة.

المواد اللازمة:

- ورقة، قلم

الزمن (30) دقيقة

الهدف (4)

- التلخيص و الإنهـــاء

الإجـراءات

- في نهاية الجلسة يلخص المرشد ما دار في الجلسة، ويطلب من أحد الأعضاء في المجموعة أن يلخصها.

- يسأل المرشد الأعضاء حول استفساراتهم، وردود أفعالهم، وأفكارهم، ومشاعرهم حول جلسة اليوم.

الزمن (10) دقائق

الجلسـة الثانية

أهداف الجلسة

- إعــادة التعارف.
- التعامل مع الأعمال غير المنتهية من اللقاء السابق.
- التعرف على دور مفهوم الذات والمهارات الاجتماعية في سلوك الادمان.
- أن يقوم الأعضاء بالتعرف على مستوى مفهوم الذات لديهم.
- أن يقوم الأعضاء بالتعرف على الذات (الصفات)الجسمية.

الهـدف (1)

- تهيئة الأعضاء للجلسة والتعامل مع الأعمال غير المنتهية من اللقاء السابق.

الإجـراءات:

- يرحب المرشد بالأعضاء ويشكرهم على حضورهم في الوقت المحدد.
- يسأل الأعضاء إذا ما كانت لديهم أسئلة أو استفسارات متعلقة بالجلسة السابقة.

الزمن (5) دقائق

الهـدف (2)

- أن يذكر كل عضو أسماء الأعضاء الآخرين في المجموعة. (إعادة التعارف)

النتيجة المتوقعة لهذا الهدف:

- أن يتمكن كل عضو من معرفة أسماء أعضاء المجموعة كاملين.
- أن يتذكر كل عضو أسماء الأعضاء الذين نسي أسمائهم.

تمـرين إعادة التعارف

الهدف من التمرين:

- أن يتأكد كل عضو من معرفته لأسماء الأعضاء الآخرين في المجموعة.

الإجـراءات:

- يسأل المرشد الأعضاء من منكم يتذكر أسماء الأعضاء كاملين.

- يطلب المرشد أن يتبرع أحد الأعضاء ويذكر أسماء جميع الأعضاء الآخرين في المجموعة.

- يطلب المرشد من كل الأعضاء أن يذكرو أسماء الأعضاء الآخرين كاملين.

- يطلب من الأعضاء عندما يتحدثون مع بعضهم البعض أن يستخدموا الأسماء.

المواد المستخدمة: لا شيء

الزمن (15) دقيقة

الهدف (3)

- أن يقوم الأعضاء بالتعرف على الدور الذي يلعبه مفهوم الذات والمهارات الاجتماعية في سلوك الادمان.

النتيجة المتوقعة لهذا الهدف:

- أن يقوم الأعضاء بالتعرف على معنى مفهوم الذات والمهارات الاجتماعية.

- أن يقوم الأعضاء بالتعرف على الدور الذي يلعبه مفهوم الذات والمهارات الاجتماعية في سلوك الادمان.

الإجراءات:

- يقدم المرشد مفهوم الذات والمهارات الاجتماعية بقوله "إن جميع أشكال السلوك الصادرة عن الفرد (بما فيها التعاطي والادمان)، هي أشكال تكتسب وتنمو في ظل الظروف الحياتية (اي بيولوجية، نفسية واجتماعية معينة)، ومن ثم تنطبق عليها قوانين اكتساب العادات ونموها، وبذلك تنطبق عليها قوانين واجراءات التخلص من العادات أو تعديلها.

وان الأشخاص العاديين يلجأون عادة الى سلوكات التعاطي والادمان، وذلك عندما تنقصهم المهارات الاجتماعية، وعدم القدرة في المشاركة في النشاطات الجماعية، أو عندما ينقصهم مفهوم ذات ايجابي عن أنفسهم، ولما لم يجد الشخص النشاط اليومي الذي يمكنه من قضاء أوقات الفراغ، أو الاستمتاع بالحياة، أو التفاعل مع الآخرين، أو نقص في الثقة بالنفس فانه يشعر بالملل والعزلة، ومن ثم يلجأ الى اي شيء يمكن ان يخرجه من ملله هذا، أو من شعوره بعدم الأهمية، فإذا ما اتيحت له الفرصة يمكن ان يجرب التعاطي او تناول المخدرات، وهذه مجموعة من المدمنين الباحثين عن العلاج تقول.

- يقدم المرشد ورقة مكتوبة بقلم مجموعة من المدمنين تقول: ((إن إدماننا قد عزلنا عن باقي الناس، الا فيما يتعلق بالحصول على المخدرات، لقد اصبحنا نشعر بالمرارة وبرفض المجتمع، واصبحنا لانهتم الا بانفسنا، وبذلك عزلنا انفسنا عن العالم الخارجي، واصبح اي

موقف غير مألوف لدينا يشكل خطورة ويشعرنا بالقلق، ان عالمنا قد انكمش واصبحت العزلة هي حياتنا، لقد اصبحنا نتعاطى المخدرات لكي نعيش، وأصبحت تلك هي وسيلة الحياة الوحيدة لنا، وتوالت الاحداث مع استمرار استخدام المخدرات فتعودنا على حالة ذهنية موجودة لدى كل المدمنين، اذ نسينا ما كانت عليه الامور قبل ان نبدأ التعاطي، نسينا المهارات الاجتماعية، وتكونت لدينا عادات وتصرفات غريبة، نسينا كيف نعمل، نسينا كيف نلهو، نسينا كيفية التعبير عن انفسنا واظهار الاهتمام بالاخرين، نسينا كيف نحس ونشعر)).

- بدور نقاش بين المرشد والاعضاء وبين الاعضاء انفسهم عن ما كتبه المدمنون.

- يوضح المرشد أن مفهوم الذات، يعني صورة الفرد عن ذاته اي كيف يرى نفسه، وتشمل الخصائص النفسية، الأخلاقية،البيولوجية، الاجتماعية، المعرفية. .....

- والمهارات الاجتماعية هي عبارة عن تعلم مجموعة من السلوكات التي يستخدمها الافراد في المواقف البينشخصية، لاكتساب أو المحافظة على التعزيز الاجتماعي، والمهارات الاجتماعية ضرورية جدا كوسيلة سلوكية لتحقيق اهداف الأفراد، وهي سلوكات ومهارات لاستجرار مزيد من التعزيز الاجتماعي، وزيادة الدعم الاجتماعي في المواقف الاجتماعية والبينشخصية.

المواد المستخدمة الورقة المكتوبة بقلم المدمنين

الزمن (20) دقيقة

الهـدف (4)

- أن يقوم الأعضاء بالتعرف على مفهوم الذات (من هو).

النتيجة المتوقعة لهذا الهدف:

- يتعرف الفرد على ذاته، من هو.

- أن يتعرف كل عضو على الخصائص الموجودة لديه وعلى الخصائص غير الموجودة

لديه.

تمـرين من أنا

الهدف من هذا التمرين:

- أن يتعرف الكل على من هو، أو ما المقصود بـ من أنا.

الإجـراءات:

- يوضح المرشد أن كل شخص في هذه الدنيا مكون من مجموعة من الخصائص.
- يوضح المرشد أن هذه الخصائص مختلفة منها الخصائص النفسية، الخصائص الجسدية ، الخصائص المعرفية ، الخصائص الاجتماعية، الأخلاقية.
- يطلب المرشد من الأعضاء بأن يكتب كل عضو من هو على ورقة.
- يكتب كل عضو على الورقة من هو، خصائصه النفسية والجسدية والمعرفية، والاجتماعية والأخلاقية.
- يطلب المرشد من كل طالبين أن يتناقشا بهذه الخصائص على شكل مجموعة ثنائية.
- يطلب المرشد من الأعضاء بأن يقدم كل عضو زميله في المجموعة الثنائية أمام اعضاء المجموعة.
- يوزع المرشد بطاقة من انا على الاعضاء ليقوموا بتعبئتها والتعرف على الاختلافات بين الذات الواقعية والاجتماعية والمثالية.

المـواد المستخدمة:

- بطاقة من انا، ورقة، قلم.

الزمن (20) دقيقة

الهـدف (5)

-أن يقوم الأعضاء بالتعرف على ذواتهم الجسمية.

النتيجة المتوقعة لهذا الهدف:

- أن يتعرف كل عضو من الأعضاء على جسده، وما يعجبه فيه وما لا يعجبه.

تمـرين التعرف على الجسد

الهدف من التمرين:

- مساعدة كل عضو من الأعضاء على أن يملك صورة عن جسده، وسيعمل لاحقاً على تكوين صورة إيجابية.

الإجـراءات:

- يطلب المرشد من كل عضو بأن يقوم بكتابة الأجزاء الجسدية من جسمه يدين، أرجل، عيون، أنف،. ... الخ.

- يطلب المرشد من الأعضاء أن ينقسم كل ثلاثة أعضاء ليشكلوا مجموعة فرعية ويتناقشون حول ما كتبوه عن أجسادهم.

- يطلب المرشد من الأعضاء أن يذكر كل عضو الأجزاء التي تعجبه في جسده والأجزاء التي لا تعجبه.

- يطلب المرشد أن يتبرع من كل مجموعة عضو واحد ويتكلم عن جسده.

- يطلب المرشد من كل مجموعة فرعية أن تذكر بشكل جماعي ما هي الأجزاء المرغوبة من الجسم والأجزاء غير المرغوبة.

المواد المستخدمة:

- ورقة، قلم

الزمن (20) دقيقة

الهـدف (6)

- تكليف الأعضاء بواجب بيتي.

الإجـراءات:

- يوزع المرشد ورقة فارغة على كل عضو من الاعضاء.

- يطلب المرشد من كل عضو من الاعضاء كتابة ثلاثة خصائص ايجابية وثلاثة خصائص يعتبرها سلبية عن نفسه ويحضرها مكتوبة في اللقاء القادم.

المواد المستخدمة:

- ورقة فارغة،قلم

الزمن (5) دقائق

الهـدف (7)

التلخيص والإنهـاء

الإجـراءات:

- يلخص المرشد ما دار في جلسة اليوم.

- يشكر الأعضاء على اهتمامهم بعمل المجموعة ويسألهم عن استفساراتهم وردود أفعالهم حول جلسة اليوم.

- يذكرهم بموعد الجلسة القادمة.

الزمن (5) دقائق

بطاقة من أنا

بطاقة من أنا؟

الأسم : ....   التاريخ : / /

كيف أود أن أكون

	غالبا	نصف الوقت	أحيانا
سعيد			
وحيد			
ممل			
ذكي			
منعزل			
مريض			
اجتماعي			
متحدث			
خجول			
أناني			
مزعج			
مشهور			
صديق			
جرئ			

كيف يرانى الآخرون

	غالبا	نصف الوقت	أحيانا
سعيد			
وحيد			
ممل			
ذكي			
منعزل			
مريض			
اجتماعي			
متحدث			
خجول			
أناني			
مزعج			
مشهور			
صديق			
جرئ			

كيف أرى نفسى

	غالبا	نصف الوقت	أحيانا
سعيد			
وحيد			
ممل			
ذكي			
منعزل			
مريض			
اجتماعي			
متحدث			
خجول			
أناني			
مزعج			
مشهور			
صديق			
جرئ			

- أية صفات أخرى لم تذكر

....

....

- أية صفات أخرى لم تذكر. ....

....

الجلسة الثالثة

أهداف الجلسة:

- التعامل مع الأعمال غير المنتهية من اللقاء السابق.

- مناقشة الواجب البيتي.

- التعرف على الاسباب المؤدية الى الادمان.

- التعرف على العلاقة بين مفهوم الذات والمهارات الاجتماعية من جهة، والتعافي من الإدمان من جهة اخرى.

- تتضمن هذه الجلسة التعرف على الذات المعرفية.

الهدف (1)

- تهيئة الأعضاء للجلسة والتعامل مع الأعمال غير المنتهية.

الإجراءات:

- يرحب المرشد بالأعضاء ويشكرهم على التزامهم بمواعيد الجلسات.

- مناقشة استفسارات الأعضاء حول (مفهوم الذات والمهارات الاجتماعية) ويسألهم حول استفساراتهم وردود أفعالهم حول الجلسة السابقة.

الزمن (5) دقائق

الهدف (2)

- مناقشة الواجب البيتي.

الإجراءات:

- يطلب المرشد من كل عضو من الاعضاء عرض الخصائص الايجابية والسلبية التي كتبوها عن انفسهم كواجب بيتي.

- يدور نقاش موسع حول هذه الخصائص بين الاعضاء.

الزمن (10) دقائق

الهـدف (3)

- ان يقوم الأعضاء بالتعرف على السبب الذي ادى الى التعاطي للمرة الاولى.

النتيجة المتوقعة لهذا الهدف:

- أن يذكر كل عضو من الاعضاء الأسباب التي تؤدي إلى تعاطى المخدر.

- أن يتعرف الأعضاء على الظروف والعوامل المؤدية للادمان.

الإجـراءات:

- توزع ورقة فارغة على الاعضاء بالاضافة الى قلم.
- يطلب من كل عضو من الاعضاء ان يكتب على الورقة المرة الاولى التي جرب فيها الادمان حيث يذكر السبب المباشر الذي ادى الى ذلك، متى، اين، مع من كانت، ما هو الموقف، ماهي المشاعر التي صاحبت تلك التجربة.
- يقوم كل عضو من الاعضاء بعرض ما كتبه على الورقة امام الاعضاء الاخرين ويذكر المرة الاولى للتعاطي ثم يذكر السبب المباشر والظروف المصاحبة للموقف، ويطلب المرشد من الاعضاء ان يصغوا للعضو المتحدث ويقدموا التغذية الراجعة له.
- يقوم المرشد بكتابة الاسباب التي ذكرها الاعضاء على السبورة والمواقف التي ادت الى ذلك ويدور نقاش موسع حول هذه الاسباب والمواقف.
- يطلب المرشد من الاعضاء ان يذكر والسلوكات الاخرى التي يمكن أن يقوموا بها بدلاً من تعاطي المخدرات، والحصول على مشاعر مشابهة.

المـواد المستخدمة:

- ورقة،قلم، سبورة،طباشير

الزمن (20) دقيقة

الهـدف (4)

- أن يقوم الأعضاء بالتعرف على العلاقة بين مفهوم الذات والمهارات الاجتماعية من جهة والتعافي من الادمان من جهة اخرى.

النتيجة المتوقعة لهذا الهدف:

- ان يميز الاعضاء العلاقة لتي تربط مفهوم الذات والإدمان.

- ان يمز الاعضاء العلاقة التي تربط المهارات الاجتماعية والادمان.

الإجراءات:

- يقدم المرشد العلاقة بقوله "إن هناك علاقة قوية تربط مابين تعاطي المخدرات والادمان عليها وبين مستوى مفهوم الذات والمهارات الاجتماعية، فقد اشارت العديد من الدراسات الى تلك العلاقة، والأشخاص الذين يلجأون إلى التعاطي ومن ثم الادمان، هم أشخاص تنقصهم الكثير من المهارات الاجتماعية والعلاقات البينشخصية،والثقة بالنفس، وعادة ما تتكون لديهم مشاعر الوحدة، وبذلك فانهم يلجأون الى المخدرات لتجريب مشاعر اخرى معتقدين ان المخدر يمكن ان يستجرها.

تمرين

الهدف من التمرين

- التعرف على العلاقة التي تربط مابين سلوك الادمان ومابين مستوى مفهوم الذات والمهارات الاجتماعية.

الإجراءات:

- يوزع المرشد على الاعضاء ورقة فارغة وقلم.
- يطلب المرشد من الاعضاء ان يشكلوا مجموعات فرعية تتكون كل مجموعة من شخصين لتطبيق التمرين.
- يطلب المرشد من الاعضاء كتابة المهارات اليومية التي يمارسونها حقيقة مثل اقامة العلاقات مع الاخرين، المشاركة في النشاطات الجماعية، المحادثة والمبادرة .
- يطلب المرشد من كل عضو من الأعضاء كتابة المهارات اليومية التي اذا ما مارسوها يبتعدون عن المخدرات.
- يطلب المرشد من الاعضاء كتابة المهارات اليومية التي اذا مارسوها(باستثناء مرافقة المدمنين) يمكن ان يتناولون المخدرات معها.
- يطلب المرشد من كل مجموعة فرعية ان تناقش ما هو مطلوب بشكل ثنائي.
- يطلب المرشد من كل مجموعة فرعية ان تقدم ماكتب وما دار من نقاش امام جميع الاعضاء.
- يدور نقاش موسع حول التمرين.
- يلخص المرشد أو الاعضاء مادار في التمرين وتوضيح العلاقة بين المهارات الاجتماعية ومفهوم الذات من جهة وسلوك الادمان من جهة اخرى.

المـواد المستخدمة:

- ورقة، قلم

الزمن (25) دقيقة

الهـدف (5)

- أن يقوم الأعضاء بالتعرف على الذات المعرفية لديهم.

النتيجة المتوقعة لهذا الهدف:

- أن يتعرف الأعضاء على الجمل والكلمات والأفكار التي يملكونها حول أنفسهم.
- أن يتمكن الأعضاء من صياغة أفكار وجمل إيجابية عن أنفسهم.
- أن يتعرف كل عضو على نمط تفكيره وماذا يقول لنفسه حول نفسه.

تمـرين التعرف على الذات المعرفية

الإجـراءات:

- يطلب المرشد أن يجلس كل عضوين معاً على شكل مجموعة ثنائية.
- يوزع المرشد ورقة مكتوب فيها مجموعة من الكلمات مثل (الحياة، وقت الفراغ، الإدمان، المخدرات، الأصدقاء.
- يطلب المرشد من كل عضو من الأعضاء أن يقول للآخر ماذا تعني له تلك الكلمات وما هي الأفكار التي تخطر بباله عندما يسمعها.
- يطلب المرشد من كل عضو أن يقول لزميله كيف تؤثر عليه هذه الأفكار وما علاقتها بالأشخاص الآخرين.
- يقدم كل عضو زميله ثم يقدم نفسه حول النقاش الذي دار بينهما.
- يدور نقاش موسع حول هذه الأفكار وحول التمرين بشكل عام.
- ينهي المرشد التمرين بقوله: "المعرفة عملية يدرك من خلالها الأفراد الأشياء والأحداث في بيئتهم، ويكتسبون معاني جديدة في فهم الأفراد لأنفسهم ومعرفتهم بأنفسهم، وتتطور الذات المعرفية من خلال العلاقة المتبادلة مع الأشياء والناس الآخرين في أوقات مختلفة وفي مرحلة النضج والنمو الشخصي".

المواد المستخدمة:

- ورقة الأمثلة

الزمن (20) دقيقة

الهدف (6)

- تكليف الأعضاء بالواجب البيتي.

الإجراءات

- يطلب المرشد من كل عضو من الاعضاء كتابة ثلاثة مواقف جرب فيها المخدر موضحا الامور التالية:

- ما هو الموقف الذي حدث فيه ؟

- مع من حدث ذلك ؟

- بماذا شعرت اثناء الموقف ؟

- ماهي الافكار التي حدثت بها نفسك ؟

- ما هي السلوكات التي يمكن ان تمنعه من التعاطي.

الزمن (5) دقائق

الهدف (7) التلخيص والإنهاء

الإجراءات

- في نهاية الجلسة يلخص المرشد ما دار في الجلسة وممكن أن يطلب من أحد الأعضاء أن يلخصها.

- يشكر الأعضاء على اهتمامهم بعمل المجموعة ويسألهم عن استفساراتهم وردود أفعالهم حول جلسة اليوم.

الزمن (5) دقائق

الجلسة الرابعة

أهداف الجلسة

- التعامل مع الأعمال غير المنتهية من اللقاء السابق ومناقشة الواجب البيتي.
- التعرف على مهارة تأكيد الذات.
- التمييز بين السلوك التأكيدي والسلوك غير التأكيدي والسلوك العدواني.
- التعرف على مفهوم الذات النفسية.

الهدف (1)

- التعامل مع الأعمال غير المنتهية من الجلسة السابقة، ومناقشة الواجب البيتي.

الإجراءات:

- يرحب المرشد بالأعضاء ويسألهم حول استفساراتهم وردود أفعالهم المتعلقة بالجلسة السابقة وهل هناك مواضيع طرحت في اللقاء السابق ويريد الأعضاء أن يكملوا مناقشها.
- يسأل المرشد الأعضاء حول الواجب البيتي ويدور نقاش حول الاسباب المؤدية للادمان وحول المواقف والظروف التي يحدث فيها.

الزمن (5) دقائق

الهدف (2)

- توضيح مهارة تأكيد الذات.

النتيجة المتوقعة لهذا الهدف:

- أن يدرك الأعضاء أنماط الاستجابات الثلاثة التأكيدية وغير التأكيدية والعدوانية.

الإجراءات:

- يقدم المرشد مهارة تأكيد الذات بقوله: " الهدف من هذه الجلسة هو التعرف على مهارة مهمة من المهارات الاجتماعية، وهي مهارة تأكيد الذات، وهذه المهارة تعني تطوير قدرات ومهارات الاعضاء من الوقوف الى حقوقهم واحترامها بطريقة لا تتعارض مع حقوق الاخرين، كما تهدف الى تطوير مهارات الافراد في التعبير عن رغباتهم، واهتماماتهم، ومشاعرهم، وافكارهم، وآرائهم دون مضايقة لانفسهم او للاخرين، وهناك هدف اخر وعلى

نفس الدرجة من الاهمية وهو زيادة عدد وانواع المواقف التي يكون فيها التصرف الايجابي ممكنا وتقليل المناسبات التي يحدث فيها انهيارات في التصرف او السلوك.

تمـرين الاستجابات الثلاثة

الهدف من التمـرين:

- التعرف على المواقف التي تسبب سلوكات قد تكون تأكيدية، غير تأكيدية أو عدوانية.

الإجـراءات

- يوزع المرشد على الاعضاء ورقة مكتوب فيها مجموعة من المواقف كما يلي.
- تشتري عصيرك المفضل من السوبر ماركت وبعد ان تخرج من المكان تجد ان النقود ناقصة نصف دينار ! وسوف.
- تذهب أنت وصديقك إلى مباراة أو اجتماع مهم، ولكن صديقك يتحرك ببطء لذا فانك ستصل الى المكان متأخرا نصف ساعة ! سوف. ...
- تطلب من عامل المحطة ان يضع لك وقود بقيمة خمسة دنانير لكن عامل المحطة يملأ لك الخزان ويطلب منك ما قيمته ثمان دنانير ! سوف. ...
- بينما تنتظر المحاسب حتى ينتهي من خدمة الزبائن الذين قبلك يأتي زبون اخر والمحاسب يخدمه قبلك ! سوف. ...
- يطلب المرشد من كل عضو من الاعضاء قراءة المواقف وكتابة الاستجابة لكل موقف.
- يطلب المرشد من كل عضو من الاعضاء ان يعرض استجابته لكل موقف امام أعضاء المجموعة.
- يدور نقاش موسع حول هذا التمرين.
- يوضح المرشد الاستجابات الثلاث التأكيدية وغير التأكيدية والعدوانية، ويضيف استجابات الاعضاء على الاستجابات الثلاث.
- ينهي المرشد التمرين بقوله: "أن تكون تأكيديا/ مؤكدا لذاتك في العلاقات مع الاخرين يعني ان تحترم حقك ومشاعرك وافكارك في العلاقة، وان تعطي الآخرين الحق في ان يقولو افكارهم ومشاعرهم، وان تحترم ما يقولوه أو يعبروا عنه، قد يكون هذا الكلام سهلا لكن تذكر بأن تأ كيد الذات هي مهارة تتطلب الكثير من الممارسة، ففي السلوك التأكيدي انت تعبر بوضوح وبساطة عن حاجاتك، آرائك. ان الكثير من العلاقات البينشخصية تتطلب منا ان نكون استجابات تأكيدية ولكن احيانا نستجيب للمواقف بأن لا نقول شيئا وهذا سلوك

غير تأكيدي أو نقوم برد فعل غير مناسب للموقف ومبالغ فيه عن طريق اتهام الشخص الاخر بشيء ما دون ان نراقب بشكل مناسب سلوكاتنا او استجاباتنا وهذا يسمى سلوك عدواني.

المواد المستخدمة:

- ورقة المواقف، قلم

الزمن (25) دقيقة

الهدف (3)

- أن يقوم الأعضاء بالتعرف على الذات النفسية.

النتيجة المتوقعة لهذا الهدف

- أن يتعرف كل عضو ويدرك عواطفه وأحاسيسه وانفعالاته ومشاعره الخاصة به ورغباته وشعوره بالضعف والقوة ودرجة ثقته بنفسه وتقديره لها.

تمرين التعرف على الذات النفسية

إجراءات التمرين

- يطلب المرشد من الأعضاء أن يجلس كل عضوين في مجموعة فرعية مزدوجة.
- يوزع المرشد ورقة فارغة على الأعضاء بالإضافة إلى قلم.
- يطلب المرشد من الأعضاء أن يكتب كل عضو مشاعره وانفعالاته وأحاسيسه الحالية التي يشعر بها الآن.
- يطلب المرشد أن يتم نقاش بين كل عضوين في المجموعة الفرعية حول هذه المشاعر والانفعالات.
- يعبر كل عضو أمام المجموعة عن تلك المشاعر والانفعالات.

- ينهي المرشد التمرين بقوله "يقصد بالذات النفسية هنا هي نظرة الفرد العميقة إلى نفسه، والتي يتكون مفهومه عنها خلال إدراكه لمشاعره، وعواطفه، وأحاسيسه، وانفعالاته الخاصة به، ورغباته وشعوره بالضعف أو القوة، ودرجة ثقته بنفسه وتقديره لها، واحترامه لكيانها ومكانتها ومعرفته لدوره وتمسكه بكرامته واعتزازه بنفسه، وهذه المكونات تعتبر أساسية في التكوين النفسي للذات النفسية، والتي تعتبر من أهم مكونات المفهوم الكلي أو العام لذات الفرد، وإذا اختل توازنها انحرف مفهوم الفرد عن ذاته في الاتجاه الموجب أو السالب وفقاً لطبيعة هذا الاختلال.

المـواد المستخدمة:

- قلم، ورقة

الزمن (25) دقيقة

الهـدف (4)

- أن يوافق الأعضاء بين ذواتهم الجسدية والنفسية والمعرفية.

النتيجة المتوقعة لهذا الهدف:

- أن يستطيع كل عضو أن يربط بين مشاعره وأقواله وأفكاره التي يشعر بها ويقولها ويفكر بها عن نفسه.

- إن تتوافق مشاعره مع أفكاره وأقواله وأحاسيسه.

تمـرين علاقة المشاعر بالأفكار.

الإجراءات

- يوزع المرشد ورقة فارغة وقلم على الأعضاء.

- يطلب المرشد من الأعضاء أن يكتب كل عضو مشاعره التي يشعر بها الآن حول نفسه وحول المجموعة.

- يطلب من كل عضو من الأعضاء أن يكتب أفكاره والجمل التي يقولها لنفسه حول المجموعة وحول نفسه.

- يطلب المرشد من الأعضاء أن يكتب كل عضو مدى التوافق والاختلاف بين المشاعر والأفكار التي يشعر بها ويفكر بها.

- يذكر كل عضو أي من هذه الجمل التي قالها تسبب مشاعره التي يشعر بها.

- يعرض كل عضو ما كتبه أمام المجموعة.

المـواد المستخدمة:

- ورقة، قلم

الزمن (25) دقيقة

الهدف (5)

- تكليف الأعضاء بواجب للجلسة القادمة.

الإجراءات

- يوزع المرشد ورقة فارغة على الاعضاء.

- يطلب المرشد من الاعضاء ان يراقب كل عضو نفسه في ثلاثة مواقف تحدث معه خلال الاسبوع ويكتبها على الورقة، ويكتب كيف كانت استجابته لها، وما هي الافكار والمشاعر التي اختبرها في كل موقف ويحضرها في الجلسة القادمة.

الزمن (5) دقائق

الهدف (6) التلخيص و الإنهاء

الإجراءات

- في نهاية الجلسة يلخص المرشد ما دار في الجلسة وممكن أن يطلب من أحد الأعضاء أن يلخصها.

- يشكر الأعضاء على اهتمامهم بعمل المجموعة ويسألهم عن استفساراتهم وردود أفعالهم حول جلسة اليوم.

- يذكر المرشد الأعضاء بموعد اللقاء اللاحق.

الزمن (5) دقائق

الجلسة الخامسة

أهداف الجلسة

- التعامل مع الأعمال غير المنتهية في الجلسة السابقة.
- مناقشة الواجب البيتي.
- ان يفسر الاعضاء الفرق بين السلوك التأكيدي وغير التأكيدي والعدواني.
- ان يقوم الأعضاء بالتعرف على مفهوم الذات الاجتماعي.

الهـدف (1)

- التعامل مع الأعمال غير المنتهية في اللقاء السابق.

الإجراءات

- يرحب المرشد بالأعضاء ويسألهم حول استفساراتهم وردود أفعالهم المتعلقة بالجلسة السابقة وهل هناك مواضيع طرحت في اللقاء السابق ويريد الأعضاء أن يكملوا مناقشتها.

- يسأل المرشد الأعضاء عن أي مشاعر وأفكار وانفعالات متعلقة بالجلسة الماضية.

الزمن (10) دقائق

الهـدف (2)

- مناقشة الواجب البيتي الموكل اليهم في اللقاء السابق.

الإجراءات:

- يطلب المرشد من الاعضاء عرض ما كتبوه كواجب بيتي في الاسبوع السابق، بحيث يذكر كل عضو كيف كانت استجاباته في المواقف الثلاثة، وما هي الافكار والمشاعر التي اختبرها في تلك المواقف.

- يدور نقاش موسع حول هذه الاستجابات.

الزمن (5) دقائق

الهـدف (3)

- أن يفسر الأعضاء الفرق بين السلوك التأكيدي، السلوك غير التأكيدي والسلوك العدواني.

النتيجة المتوقعة لهذا الهدف

- أن يتمكن الأعضاء من تحديد الاستجابة التأكيدية، والاستجابة غير التأكيدية، والاستجابة العدوانية.

الإجـراءات:

- يراجع المرشد مع الاعضاء الفرق بين الاستجابات التأكيدية وغير التأكيدية والعدوانية بقوله ما يلي: " يتضمن السلوك التأكيدي وقوف الشخص لحقوقه والتعبير عن افكاره ومشاعره ومعتقداته بطريقة مباشرة، صادقة ومناسبة دون اختراق أو اعتداء على حقوق الاخرين ومشاعرهم، ان الرسالة الرئيسية التي يحاول الشخص المؤكد لذاته توصيلها هي " هذا ما أعتقده. .. أو هذا ما أشعر به. .. أو هذه الطريقة التي أرى فيها الوضع " ان رسالة المؤكد لذاته تخبر عنه بوضوح ويقدمها دون محاولة للسيطرة على الاخرين أو اذلالهم او التقليل من قيمتهم كبشر ان هناك نوعان من الاحترام يعبر عنهما من خلال جمل المؤكد لذاته هما: احترام المؤكد لذاته لنفسه، من خلال تعبيره عن حاجاته والدفاع عن حقوقه، وكذلك احترامه لحاجات وحقوق الشخص الاخر.
- يوزع المرشد ورقة فيها المثال التالي: "يحاول سمير أن يأخذ الباص المتجه من الزرقاء إلى مكان عمله في عمان حتى يستطيع الحضور إلى العمل قبل الساعة الثامنة، لقد تأخر سمير في السابق عن موعد العمل عدة مرات، ونبهه مديره بأن لا يتأخر ثانية، الطقس حار والطوابير الصباحية طويلة جداً، لقد عد سمير الواقفين أمامه ووجدهم 21 راكبا لباص يتسع 22 راكبا، فجأة دخل شاب الطابور أمام سمير، وهذا يعني تأخره عن الدوام. ماذا يفعل سمير ".
- يوزع المرشد ورقة فارغة وقلم على الأعضاء.
- يطلب المرشد من كل عضو من الأعضاء أن يتخيل أن هذا الموقف حصل معه.
- يطلب المرشد من كل عضو من الأعضاء أن يكتب الاستجابات المحتملة التي يمكن أن يستجيب بها للموقف.
- يطلب من الأعضاء عرض هذه الاستجابات على المجموعة ليتم مناقشتها من قبل الأعضاء.
- يطلب المرشد من الأعضاء أن يصنفوا هذه الاستجابات إلى استجابات تأكيدية، واستجابات غير تأكيدية، واستجابات عدوانية.
- يوزع في نهاية التمرين مثال على الاستجابات الثلاثة استجابات تأكيدية، واستجابات غير تأكيدية، واستجابات عدوانية.

المواد المستخدمة

- ورقة المثال، ورقة فارغة، قلم، مثال الاستجابات الثلاثة

الزمن (30) دقيقة

الهـدف (4)

- أن يقوم الأعضاء بالتعرف على مفهوم الذات الاجتماعية.

النتيجة المتوقعة لهذا الهدف:

- أن يتعرف الأعضاء على ما المقصود بالذات الاجتماعية وكيف يبدو العضو للآخرين.

تمـرين كيف ينظر الآخرين لي وكيف أرى نفسي.

الهدف من التمـرين:

- أن يتعرف الأعضاء كيف يبدون أمام الآخرين أو كيف يبدون في عيون الآخرين.

الإجـراءات:

- يعطي كل عضو قائمة ببعض الخصائص النفسية والاجتماعية وأمام كل صفة خانتين الأولى كيف أرى نفسي والثانية كيف يراني الآخرون.

- يطلب من كل عضو أن يملء هذه القائمة حيث يكتب أمام كل صفة كيف يرى هو نفسه وفي الجهة الأخرى كيف يراه الآخرين.

- يطلب من الأعضاء أن يذكروا الخصائص التي لم تنطبق النظرة فيها بين نظرة العضو ونظرة الآخرين له.

المـواد المستخدمة:

- قائمة الخصائص،قلم.

الزمن (30) دقيقة

الهـدف (5)

- تكليف الأعضاء بواجب بيتي.

الإجـراءات:

- يطلب من كل عضو من الأعضاء أن يحدد ثلاثة خصائص (سمات) لديه بشرط إن تكون نظرته لها تختلف عن نظرة الناس الآخرين لها، ويكتب كيف ينظر هو لها وكيف ينظر الآخرين لها وما السبب لهذا الاختلاف. ويحضر ما يكتبه إلى الجلسة القادمة.

الزمن (10) دقائق

الهـدف (6) التلخيص و الإنهـاء

الإجـراءات

- يشكر المرشد الأعضاء على التزامهم واهتمامهم بالجلسات.
- يطلب من الأعضاء أن يعطوا ردود أفعالهم حول الجلسة الحالية مشاعرهم، أفكارهم وردود فعلهم الحالية على الجلسة.
- يطلب من الأعضاء تلخيص ما تم في جلسة اليوم.
- يذكر المرشد الأعضاء بموعد اللقاء اللاحق.

الزمن (5) دقائق

مثال: اشترى أخوك مسجلاً جديداً، ويرغب هذا الأخ بأن يجرب هذا المسجل وشغله بأعلى صوت ممكن، والوقت متأخر وأنت متعب جدا وتريد أن تنام، لقد حاولت أن تتفهم رغبة أخيك في تجريب المسجل الجديد ولكنه استمر بتشغيل المسجل بأعلى صوت، وأنت لم تستطع النوم.
إن الشخص غير التأكيدي: 1. لا يعمل شيئاً ولكنه يغلي من الداخل وكمية الغضب تزداد لديه . 2. يلبس واقيات سمعية أو يملأ أذنيه بالقطن. 3. ينقل نفسه إلى آخر غرفة في البيت بعيداً عن غرفة أخيه.

4. يلغي الدائرة الكهربائية التي تتحكم في غرفة أخيه.
5. يقوم بأي سلوك آخر لتجنب مواجهة أخيه.

الشخص العدواني:
1. يدخل بقوة أو بعنف إلى غرفة أخيه ويطلب بقوة أن ينزل صوت المسجل وإلى حد ما.
2. يستخدم القوة الجسدية للتعامل مع الإزعاج، سحب السلك الكهربائي بقوة أو ينزل بنفسه صوت المسجلة الشجار أو عمل مشكلة مع الأخ.
3. يبتدئ موجة غضب عارمة مع أخيه والكلام بغضب عن أخيه وسرد مواقف وقصص عن أنانية الأخ.
4. يقول أي جمل وقوم بأي أفعال معززة للذات على حساب الأخ.

الشخص التأكيدي:
- يقول" أنا أعرف بأنك ترغب في تجريب المسجل ولكنني متعب جداً أريد النوم لأصحو مبكراً ولا أستطيع النوم إذا استمر صوت المسجل كما هو عليه الآن.
- يقول" لقد حاولت أن أتجاهل الإزعاج ولكن الموسيقى عالية جداً لدرجة أنني لا أستطيع أن أغمض عيني، لو سمحت خفض الصوت.
- يقول" لو سمحت خفض صوت المسجل حتى أستطيع أن أنام .
- يقوم بأي استجابات أخرى تؤكد وقوفه لحقوقه دون أن يكون مؤذياً لأخيه.
-

قائمة الصفات الإجتماعية

كيف أرى نفسي

	غالبا	نصف الوقت	أحيانا
سعيد			
وحيد			
ممل			
ذكي			
منعزل			
مريض			
اجتماعي			
متحدث			
خجول			
أناني			
مزعج			
مشهور			
صديق			
جرئ			

كيف يراني الآخرون

	غالبا	نصف الوقت	أحيانا
سعيد			
وحيد			
ممل			
ذكي			
منعزل			
مريض			
اجتماعي			
متحدث			
خجول			
أناني			
مزعج			
مشهور			
صديق			
جرئ			

الجلسـة السادسة

أهداف الجلسة

- التعامل مع الأعمال غير المنتهية في الجلسة السابقة.
- مناقشة الواجب البيتي.

-ان يقوم الأعضاء بالتدرب على مهارة حل المشكلات.

الهـدف (1)

- تهيئة الأعضاء للجلسة والتعامل مع الأعمال غير المنتهية.
- مناقشة الواجب البيتي.

الإجـراءات:

- يسأل المرشد الأعضاء عن ردود أفعالهم ومشاعرهم وأفكارهم حول الجلسة السابقة.
- تتم مناقشة الواجب البيتي والسبب وراء اختلاف نظرة الفرد ونظرة الآخرين على نفس الصفات.

الزمن (10) دقائق

الهـدف (2)

- أن يقوم الأعضاء بالتعرف على مهارة حل المشكلات.

النتيجة المتوقعة لهذا الهدف

- أن يتمكن الأعضاء من التعرف على مراحل مهارة حل المشكلات.
- أن يتمكن الأعضاء من معرفة كل مرحلة من مراحل مهارة حل المشكلات.

الإجـراءات

- يقوم المرشد بالحديث عن مهارة حل المشكلات بقوله: إننا في حياتنا اليومية نواجه العديد من القضايا والأمور والمشاكل، والتي تتطلب منا أن نكون لها الحلول المناسبة، كي نحلها بأفضل طريقة، وأحياناً يلجأ الأفراد إلى الهروب من البحث عن حلول لمشكلاتهم، كونهم يعتقدون أن تجنب المشكلة افضل من مواجهتها، وهذا أسلوب خاطئ في الحياة، وعلى الفرد مواجهة مشكلاته اليومية وحلها والتخلص منها، وهناك مهارة تسمى مهارة

حل المشكلة، وهي مهارة مهمة في مواجهة المشكلات، واليوم وفي هذا الجزء من الجلسة سوف نتعرف عليها، وتتكون هذه المهارة من خمسة مراحل وهي: مرحلة تحديد المشكلة، ومرحلة توليد البدائل، ومرحلة موازنة البدائل، ومرحلة اختيار البديل الأنسب، ومرحلة التنفيذ.

- يعرض المرشد على الأعضاء الموقف التالي، أنت تدخن وتريد أن تترك التدخين لاسباب صحية واقتصادية.

- يطلب المرشد من الأعضاء أن يتخيلوا أن هذا الموقف حصل معهم.

- يطلب المرشد من الأعضاء أن يقوموا بتنفيذ المرحلة الأولى، وهي تحديد المشكلة ويطلب من كل عضو أن يحدد المشكلة أمام الأعضاء الآخرين، ويتم كتابتها على السبورة.

- يطلب المرشد من الأعضاء أن يقوموا بتنفيذ المرحلة الثانية، وهي توليد البدائل، وما هي الأفكار والحلول التي من الممكن أن يتخذها الفرد لمواجهة هذا الموقف، ويتم كتابتها على السبورة.

- يطلب المرشد من الأعضاء أن يقوموا بتنفيذ المرحلة الثالثة، وهي مرحلة موازنة البدائل، بحيث يقوم الأعضاء بتحديد إيجابيات وسلبيات كل بديل ذكروه في المرحلة الثانية، ويتم كتابتها على السبورة.

- يطلب المرشد من الأعضاء أن يقوموا بتنفيذ المرحلة الرابعة، وهي اختيار البديل الأنسب، وذلك بعد تقييم الإيجابيات والسلبيات لكل بديل على حده واختيار انسبها للفرد، ويتم كتابتها على السبورة.

- يطلب المرشد من الأعضاء أن يقوموا بتنفيذ المرحلة الخامسة، وهي اختيار الطريقة (الإستراتيجية) لتنفيذ البديل، ويتم كتابتها على السبورة.

- يسأل المرشد الأعضاء عن أية استفسارات تتعلق بهذه المهارة.

المواد المستخدمة

- السبورة

الزمن (30) دقيقة

الهـدف (3)

- أن بقوم الأعضاء بممارسة مهارة حل المشكلات.

النتيجة المتوقعة لهذا الهدف

- أن يطبق الأعضاء كل مرحلة من مراحل مهارة حل المشكلات.

الإجراءات

- يوزع المرشد ورقة فارغة وقلم على الأعضاء.

- يطلب المرشد من الأعضاء أن يتوزعوا إلى مجموعات فرعية كل مجموعة مكونة من اثنين.

- يطلب المرشد من كل مجموعة فرعية بأن تختار مشكلة معينة يتفق عليها الاثنان في المجموعة، ويطلب من كل مجموعة أن تطبق مراحل أسلوب حل المشكلات على هذه المشكلة وكتابة كل مرحلة على الورقة وعلى النحو التالي:

- مرحلة تحديد المشكلة.

- مرحلة توليد البدائل.

- مرحلة موازنة البدائل.

- مرحلة اختيار البديل الأنسب.

- مرحلة التنفيذ.

- يطلب المرشد من كل مجموعة ان تعرض الموقف الذي اختارته، وتعرض المراحل الخمسة لمواجهة هذا الموقف أمام المجموعة، ويدور نقاش حول هذه المراحل.

المواد المستخدمة

- ورقة فارغة، قلم

الزمن (35) دقيقة

الهدف (4)

- تكليف الأعضاء بواجب بيتي.

الإجراءات

- يطلب المرشد من الأعضاء بان يختار كل عضو مشكلة تحدث معه خلال الأسبوع القادم ويقوم بتطبيق مهارة حل المشكلات عليها، وكتابتها على ورقة وإحضارها في الجلسة القادمة.

الزمن (5) دقائق

الهـدف (5) التلخيـص والإنهـاء

الإجراءات

- في نهاية الجلسة يلخص المرشد ما دار في الجلسة و يطلب من أحد الأعضاء أن يلخصها.

- يسأل المرشد الأعضاء حول استفساراتهم، وردود أفعالهم، وأفكارهم، ومشاعرهم حول جلسة اليوم.

- يذكر المرشد الأعضاء بموعد الجلسة القادمة.

الزمن (10) دقائق

الجلسـة السابعة

أهداف الجلسة

- التعامل مع الأعمال غير المنتهية في الجلسة السابقة.
- مناقشة الواجب البيتي.
- التدريب على مهارات الاتصال.

الهـدف (1)

- تهيئة الأعضاء للجلسة والتعامل مع الأعمال غير المنتهية، ومناقشة الواجب البيتي.

الإجراءات:

- يسأل المرشد الأعضاء عن ردود أفعالهم ومشاعرهم وأفكارهم حول الجلسة السابقة.

- تتم مناقشة الواجب البيتي وذلك بعرض المشكلة التي كتبها الاعضاء خلال الأسبوع.

الزمن (10) دقائق

الهـدف (2)

- أن يقوم الأعضاء بالتعرف على مهارتي البدء بالمحادثة و الاستماع الفعال للآخرين ضمن مهارات الاتصال.

- أن يقوم الأعضاء بممارسة مهارتي البدء بالمحادثة والاستماع الفعال في الجلسة.

النتيجة المتوقعة لهذا الهدف

- أن يتمكن الأعضاء من التعرف على مهارتي البدء بالمحادثة و الاستماع الفعال.
- أن يتمكن الأعضاء من ممارسة وتطبيق مهارتي البدء بالمحادثة الاستماع الفعال.
- أن يتعرف الأعضاء على دور مهارتي البدء بالمحادثة الاستماع الفعال في العلاقات الإنسانية والاجتماعية.

الإجـراءات

- يقوم المرشد بتعريف مهارات الاتصال بقوله "الاتصال مع الآخرين يعني العمليات التي يستجيب الشخص من خلالها لسلوكات الأشخاص الآخرين وتصرفاتهم، وهي أيضا عملية تفاعله معهم، والعمليات الإنسانية لا يمكن لها أن تتم بدون عمليات التواصل والاتصال مع الآخرين، والاتصال مع الآخرين يمكن أن يكون بشكل مباشر بالمحادثة اللفظية والاستماع الفعال للآخرين، وفي هذه الحالة يوجد رسائل غير لفظية تتلاءم مع المحادثة مثل هزة الرأس، وتعبـيرات العيون، ونبرة الصوت، وحركات الجسم. ... ويمكن للاتصال أن يكون عـن طريق الهاتف، أو عن طريق الإنترنت، أو عـن طريق البريد" **(Adler & Rodman , 2000)**، وسنتعرف في هذا الجزء من جلسة اليوم على مهارتين مهمتين من مهارات الاتصال وهما مهارة البدء بالمحادثة ومهارة الاستماع الفعال للآخرين، والبدء في المحادثة هي قدرتنا على المبادرة في فتح موضوع مع الآخرين، والاستماع الفعال للآخرين لا يعني أن نسمع فقط ما يقوله الآخرون، وانما يعني أن نسمع ونفهم ما نسمع، ونوصل للطرف الثاني بأننا نفهم ما يقول، ويمكن لنا أن نوصل للطرف الأخر بأننا نفهمه من خلال إعادة العبارات التي يقولها ولكن بطرقنا الخاصة بنا.
- يطلب المرشد من الأعضاء بان يشكلوا مجموعات فرعية كل مجموعة تتكون من اثنين، العضو (أ) والعضو (ب).
- يطلب المرشد من العضو (ا) بان يبدأ بالمحادثة مع العضو (ب) ويطلب من العضو (ب) بان يستمع بشكل فعال للعضو (أ) وذلك من خلال إعادة العبارات التي يقولها.
- يطلب المرشد من الأعضاء القيام بعكس الأدوار بحيث يبدأ العضو (ب) بالمحادثة ويستمع له العضو (أ) بشكل فعال.
- يطلب المرشد من جميع الأعضاء أن يعبروا عن الطريقة التي بدأو فيها المحادثة ويدور نقاش حول البدء بالمحادثات مع الآخرين.

- يطلب المرشد من جميع الأعضاء أن يعبروا عن الطريقة التي استمعوا فيها بشكل فعال للآخرين ويدور نقاش موسع حول الاستماع الفعال وطرقه.
- يدور نقاش موسع حول مهارتي البدء بالمحادثة والاستماع الفعال.

المواد المستخدمة

- لا شيء.

الزمن (35) دقيقة

الهـدف (3):

- أن يقوم الأعضاء بالتعرف على الرسائل والمؤشرات غير اللفظية في الاتصال .

النتيجة المتوقعة لهذا الهدف

- أن يراقب الأعضاء الرسائل والمؤشرات غير اللفظية المرافقة للرسائل اللفظية.
- أن يكون العضو واع بالرسائل غير اللفظية الصادرة عنه.

الإجـراءات

- يطلب المرشد من الأعضاء أن يشكلوا مجموعات فرعية كل مجموعة تتكون من اثنين العضو (أ) والعضو (ب).
- يوزع المرشد على الأعضاء قائمة الرسائل غير اللفظية (موجودة في آخر الجلسة).
- يوزع المرشد على الأعضاء ورقة فارغة وقلم.
- يطلب المرشد من العضو (أ) أن يبدأ بالمحادثة مع العضو (ب).
- يطلب المرشد من العضو (ب) أن يكتب كل الرسائل والمؤشرات غير اللفظية التي تصدر عن العضو (أ)، مثل نبرة الصوت، هزة الرأس، الخ.... وكما هو موجود في قائمة الرسائل غير اللفظية.
- يطلب المرشد من الأعضاء بان يعكسوا الأدوار ويقوموا بتطبيق التمرين مرة أخرى.
- يطلب المرشد من الأعضاء أن يعودوا إلى جلستهم الطبيعية وان يقرأ كل عضو ما كتبه من رسائل غير لفظية صادرة عن زميله.
- بعد عرض الرسائل غير اللفظية الصادرة عن الأعضاء يطلب المرشد من كل عضو من الأعضاء أن يعبر عن مدى وعيه بالرسائل غير اللفظية الصادرة عنه.

- يعلق المرشد " إننا عند حديثنا مع الأشخاص الآخرين تصدر عنا رسائل ومؤشرات غير لفظية وأحياناً نكون واعين بها، وفي أحيان أخرى لا نكون واعين بها، وعلى الفرد أن يكون واع بكل الرسائل والمؤشرات غير اللفظية الصادرة عنه ويجب أن تكون الرسائل غير اللفظية منسجمة مع الألفاظ الصادرة عنا.

- يدور نقاش موسع حول المؤشرات والرسائل غير اللفظية.

المواد المستخدمة:

- قائمة الرسائل غير اللفظية، ورقة فارغة، قلم

الزمن(35) دقيقة

الهدف (5) التلخيص والإنهاء

الإجراءات

- في نهاية الجلسة يلخص المرشد ما دار في الجلسة و يطلب من أحد الأعضاء أن يلخصها.

- يسأل المرشد الأعضاء حول استفساراتهم، وردود أفعالهم، وأفكارهم، ومشاعرهم حول جلسة اليوم.

- يذكر المرشد الأعضاء بموعد الجلسة القادمة.

الزمن (10) دقائق

قائمة الرسائل والمؤشرات غير اللفظية

أمثلة	الرسالة غير اللفظية
نبرة الصوت	سريع ، بطيء ، مرتج ، مرتفع ، همس ،
الإتصال العيني	ثابت ، ينظر إلى جهة مغايرة ، ينظر في الهواء ، متواصل بصريا
التعبير الوجهي	معبس ، تجاعيد ، مبتسم ، مفعم بالحيوية ، رقيق ، لطيف
حركات الجسم	حركات الركبة ، إيماءات الساقين ، إيماءة الرأس ، التململ ، التأشير بالأصابع
العيون	مفتوحة ، مغلقة ، ترمش بشكل مبالغ فيه ، مدمعة ، ترتعش
الفم	مشدود ، مرتخي ، مبتسم ، عض الشفة
وضعية الجسم	كتفين منحنيين ، جلسة مترهلة ، جسم مسترخي ، جسم مشدود

الجلسة الثامنة

أهداف الجلسة

- التعامل مع الأعمال غير المنتهية في الجلسة السابقة.

- مناقشة الواجب البيتي.

- التدريب على السلوك الحضوري.

- التعرف على مفهوم الذات المثالي.

الهدف (1):

- التعامل مع الأعمال غير المنتهية، ومناقشة الواجب البيتي.

الإجـراءات:

- يسأل الأعضاء عن ردود أفعالهم ومشاعرهم وأفكارهم حول الجلسة السابقة.

- تتم مناقشة الواجب البيتي والسبب وراء اختلاف نظرة الفرد ونظرة الآخرين على نفس الصفات.

الزمن(10) دقائق

الهـدف (2):

- أن يتدرب الأعضاء على السلوك الحضوري.
- أن يذكر الأعضاء السلوكات الحضورية غير اللفظية الإيجابية والسلبية.

النتيجة المتوقعة لهذا الهدف

- أن تتكون لدى الأعضاء القدرة على إظهار السلوك الحضوري.
- ممارسة السلوك الحضوري الإيجابي.

الإجراءات

- يقوم المرشد بتعريف السلوك الحضوري بقوله " السلوك الحضوري هو القدرة أو المهارة على الانتباه والتركيز، وإيصال الرسالة للطرف الآخر بأنك موجود وحاضر نفسيا وجسديا، وان تسلك سلوكاً حضورياً نحو الشخص الآخر يعني انك تظهر له الاحترام والاعتبار وان تبني أساسا متيناً لعلاق قوية.

تمريـن: الحضور

الهدف من التمرين

- أن يزيد العضو من سلوكاته الحضورية.

إجراءات التمرين:

- تقسيم الأعضاء إلى مجموعات كل مجموعة تتكون من اثنين.
- يقدم المرشد للأعضاء وصفاً للسلوك غير الحضوري (عدم الانتباه والتركيز في التفاعل مع الطرف الآخر).
- يتم توزيع بطاقات وصف السلوك غير الحضوري على الأعضاء (هذه السلوكات مكتوبة على بطاقات).
- يطلب المرشد من الأعضاء أن يتحدثوا لمدة ثلاثة دقائق، بعد أن تعطى تعليمات السلوك غير الحضوري.

- يطلب من الأعضاء أن يتوقفوا عن الحديث تماماً بعد مرور ثلاثة دقائق.

- يقدم المرشد للأعضاء وصفاً للسلوك الحضوري.

- يتم توزيع بطاقات وصف السلوك الحضوري على الأعضاء.

- يطلب المرشد من الأعضاء أن يتحدثوا لمدة ثلاثة دقائق، بعد أن تعطى تعليمات السلوك الحضوري.

- يطلب من الأعضاء أن يتوقفوا عن الحديث تماماً بعد مرور ثلاثة دقائق، ويعودوا ويجلسوا معا في مجموعة واحدة، ويناقشوا التمرين من حيث الفرق بين السلوك الحضوري والسلوك غير الحضوري.

- تتركز المناقشة حول مشاعرهم، أفكارهم، ردود أفعالهم، وانطباعاتهم حول التمرين.

المواد المستخدمة

- بطاقة وصف السلوكات الحضورية، بطاقة وصف السلوكات غير الحضورية، قائمة الصفات المثالية.

الزمن(25) دقيقة

الهدف (3):

- أن يتعرف الأعضاء على الذات المثالية.

النتيجة المتوقعة لهذا الهدف:

- أن يتعرف الطلبة إلى الصفات التي يرغبون الوصول إليها وغير موجودة عندهم.

- تعلم بعض الأساليب للتوفيق بين ما هو موجود وما هو مرغوب.

تمرين ماذا ارغب أن أكون.

الهدف من التمرين:

- أن يتعرف كل عضو على الخصائص المرغوبة لديه.

الإجراءات:

- يوزع المرشد على الأعضاء قائمة (الصفات المثالية) ببعض الصفات وأمام كل صفة هناك جدولين الأول يمثل الصفات الموجودة أو غير موجودة والثاني يمثل الصفات المرغوبة أو غير مرغوبة.

- يطلب المرشد من الأعضاء تعبئة هذه القائمة.

- يطلب المرشد من الأعضاء تحديد الأشياء غير الموجودة والمرغوبة.

- يقول المرشد للأعضاء أن هذه الصفات المرغوبة وغير الموجودة لديهم هي التي تعتبر الصفات المثالية.

المـواد المستخدمة:

- قائمة الخصائص، قلم.

الزمن(25) دقيقة

الهـدف (4)

- أن يقلل الأعضاء الفجوة بين الذات المدركة والذات المثالية.

النتيجة المتوقعة لهذا الهدف:

- أن يحدد الأعضاء الخصائص التي يرغبون الحصول عليها.

- أن يتعرف الأعضاء إلى الطرق التي من خلالها يستطيعون الوصول إلى الذات المثالية إن أمكن.

تمـرين من أنا وماذا ارغب أن أكون.

الهدف من التمرين:

- تقليل الفجوة بين الذات المثالية والمدركة.

الإجـراءات:

- يقدم المرشد التعريف التالي:

- الذات الواقعية (هي الذات كما يدركها الفرد وكما يراها فهي الصورة المدركة عن الذات).

- الذات المثالية (هي الصورة التي يرغب الفرد في الوصول إليها وهي الذات المرغوبة).

- يوزع المرشد على الأعضاء ورقة فارغة بالإضافة إلى قلم.

- يطلب المرشد من الأعضاء تحديد الخصائص التي يرغب كل فرد في الوصول إليها ويقوم بكتابتها على الورقة.

- يطلب المرشد من الأعضاء تحديد الأساليب والإجراءات التي تمكن العضو من الوصول إلى الذات المثالية ويقوم بكتابتها على الورقة.
- في نهاية التمرين يقول المرشد أن هنالك خصائص لا يستطيع الفرد التحكم بها أو تغييرها ويقول للأعضاء تقبل الوضع كما هو إذا لم يكن هناك سبيل للتغيير.

المـواد المستخدمة:

- ورقة، قلم.

الزمن (25) دقيقة

الهـدف (5) التلخيص والإنهـاء

الإجـراءات

- يسأل الأعضاء عن ردود أفعالهم ومشاعرهم وأفكارهم حول جلسة اليوم.
- يطلب من الأعضاء تلخيص ما تم اليوم.

الزمن (5) دقائق

قائمة الصفات المثالية

كيف أرى نفسي

	غالبا	نصف الوقت	أحيانا
سعيد			
وحيد			
ممل			
ذكي			
منعزل			
مريض			
اجتماعي			
متحدث			
خجول			
أناني			
مزعج			
مشهور			
صديق			
جرئ			

كيف يراني الآخرون

	غالبا	نصف الوقت	أحيانا
سعيد			
وحيد			
ممل			
ذكي			
منعزل			
مريض			
اجتماعي			
متحدث			
خجول			
أناني			
مزعج			
مشهور			
صديق			
جرئ			

وصف السلوك الحضوري و غير الحضوري

بطاقة السلوكات غير الحضورية

استرخي إلى آخر درجة بحيث تبدو و كأنك نائم

اجلس بجمود وتحجر

تجنب الاتصال البصري

العب بحزامك

وجه وجهك إلى جهة مغايرة للشخص الذي أمامك

وصف السلوك الحضوري

ابدو وكأنك مهتم، انتبه جيدا لما يقوله ويفعله الشخص الآخر في المجموعة.

واجه (قابل) الشخص الآخر   Face   F

ابقى على اتصال بصري جيد   Eye   E

اجلس بوضع مائل	Lean	L
اجلس وكأن جسمك مفتوح للحوار	Open	O
اجلس بوضع مرتاح وغير متوتر	Relax	R

الجلسة التاسعة

أهداف الجلسة

- التعامل مع الأعمال غير المنتهية من الجلسة السابقة.
- التدريب على مهارة رفض المخدرات والعقاقير(منع الانتكاسة).
- العمل على الانسجام بين الذات المثالية والمدركة.

الهدف (1)

- التعامل مع الأعمال غير المنتهية في الجلسة السابقة.

الإجراءات:

- يسأل الأعضاء عن ردود أفعالهم حول ما دار في الجلسة السابقة ويطلب منهم التعبير عن مشاعرهم وأفكارهم وانفعالاتهم المتعلقة بالجلسة السابقة.

الزمن(10) دقائق

الهدف (2)

- ان يقوم الأعضاء بالتدرب على مهارة رفض المخدرات.

النتيجة المتوقعة لهذا الهدف

- أن يميز الأعضاء الطرق والوسائل التي من خلالها يستطيعون رفض المخدرات.

- أن يمارس الأعضاء مهارات رفض المخدرات.

الإجراءات

- يقدم المرشد " إن الطريقة الوحيدة التي تحول دون عودة الشخص إلى الإدمان هي أن لا يتعاطى المخدر للمرة الأولى من جديد، وان مرة واحدة للتعاطي من جديد كافية لأن تستجر آلاف المرات من بعدها، ومن المعلوم انه حين تستعمل أي شكل من أشكال المخدرات، أو تستبدل أيا منها بآخر فانك تطلق الزمام لمرضك (إدمانك) من جديد.

تمـرين

- يتم تقسيم الأعضاء إلى مجموعات صغيرة كل مجموعة تتكون من عضوين عضو (أ) وعضو (ب) .

- يطلب المرشد من العضو (أ) أن يعرض على زميله أن يتعاطا المخدر معا.

- يطلب المرشد من العضو (ب) أن يقوم برفض هذا الطلب قطعيا.

- يكرر التمرين بعكس الأدوار بين الأعضاء.

- يطلب المرشد من الأعضاء أن يعودوا إلى جلستهم الطبيعية في مجموعة واحدة.

- يطلب من كل عضو من الأعضاء بان يكرر طريقة رفضه للمخدرات أمام بقية الأعضاء في المجموعة.

- يدور نقاش حول التمرين ويبين كل عضو ما هي الطريقة التي يرفض بها المخدر، كما يبين كل عضو مشاعره، وأفكاره، وردود فعله، وانطباعاته حول التمرين.

- يقوم المرشد بكتابة طرق رفض المخدرات والعقاقير(التي ذكرها الأعضاء) على السبورة ليقوم كل عضو من الأعضاء بكتابتها على الورقة الموجودة معه.

المواد المستخدمة

- السبورة، ورقة، قلم

الزمن (25) دقيقة

الهـدف (3)

- أن يتعرف الأعضاء على ما المقصود بالذات المدركة.

الإجراءات

- يعرف المرشد الذات المدركة بقوله "(الذات المدركة هي الذات كما يراها الفرد وهي صورته الحقيقية والواقعية والمدركة عن ذاته)".

تمـرين   من أنا

الهدف من التمرين:

- أن يعرف كل عضو كيف يدرك ذاته.

إجراءات التمرين:

- يطلب من الأعضاء أن يكتب كل عضو كيف يرى نفسه هو كما هي دون تجميل.
- يدور نقاش بين الأعضاء حول الذات المدركة وكيف يدرك كل شخص خصائصه.
- يطلب المرشد من الأعضاء بان يكتب كل عضو ما هي الفروق بين الذات الاجتماعية والذات المثالية والذات النفسية والذات المدركة.
- يدور نقاش حول هذه الاختلافات ولماذا توجد مثل هذه الاختلافات.
- يسأل المرشد الأعضاء هل هنالك اثر للأشخاص الآخرين بكيفية إدراكي لنفسي.

المـواد المستخدمة:

- ورقة + قلم.

الزمن (25) دقيقة

الهـدف (4)

- أن يحدد كل عضو المسافة والفجوة بين الذات المدركة والمثالية (الخصائص المرغوبة وغير الموجودة).

النتيجة المتوقعة لهذا الهدف:

- أن يتعرف كل عضو مدى حجم الفجوة بينه وبين ما يرغب أن يكون.
- تقليص هذه الفجوة إلى اكبر درجة ممكنة

تمـرين أين أنا مما أريد.

الهدف من التمرين:

- أن يتعرف كل فرد على موقعه والموقع الذي يرغب أن يصل إليه.

إجراءات التمرين:

- يوزع المرشد ورقة فارغة على الأعضاء بالإضافة إلى قلم.

- يطلب المرشد من كل عضو من الأعضاء أن يكتب قائمة بالخصائص المرغوبة وغير الموجودة لديه.

- يطلب المرشد من كل عضو أن يكتب قائمة بالخصائص التي يستطيع الوصول إليها وقائمة أخرى بالخصائص التي لا يستطيع الوصول إليها.

- يطلب المرشد من كل عضو أن يكتب تبريراً لكل الخصائص المرغوبة التي يستطيع الوصول إليها والتي لا يستطيع الوصول إليها.

- يدور نقاش حول هذه الخصائص.

- يعلق المرشد بقوله "أن هناك الكثير من الخصائص التي نرغب الوصول إليها، وهناك خصائص مرغوبة نستطيع الوصول إليها بسهولة مثل: تحسين التحصيل، المحادثة، المهارات الاجتماعية،تأكيد الذات وهناك خصائص أخرى لا تستطيع الوصول إليها أو تحقيقها ولذلك على الفرد أن يتقبلها ويتكيف معها وهذه الخصائص هي: الطول، الوزن، لون العيون، الخ".

المـواد المستخدمة:

- ورقة، قلم

الزمن(20) دقيقة

الهـدف (5)

- تكليف الأعضاء بالواجب البيتي.

الإجراءات:

- يطلب المرشد من الأعضاء أن يكتب كل عضو ثلاث مهارات لرفض المخدرات ويحضرها في الجلسة القادمة.

- يطلب من الأعضاء التفكير بشكل اكبر خلال الأسبوع بالخصائص التي لا يستطيع تغييرها ولماذا لا يستطيع تغيرها وكذلك يفكر بالخصائص التي يستطيع تغييرها وكيف يستطيع تغييرها.

الزمن (5) دقائق

الهـدف (6) التلخيص والإنهـــــاء

الإجـراءات

- في نهاية الجلسة يشكر المرشد الأعضاء على التواصل والتفاعل الذي يبدوه داخل الجلسات.
- ويسألهم حول استفساراتهم وردود أفعالهم ومشاعرهم حول الجلسة الحالية.
- يذكر المرشد الأعضاء بموعد اللقاء اللاحق.
- يذكر المرشد الأعضاء بقرب انتهاء اللقاءات.

الزمن (5) دقائق

الجلسـة العاشرة

أهداف الجلسة

- التعامل مع الأعمال غير المنتهية من اللقاء السابق.
- متابعة الواجب البيتي.
- التدريب على مهارات قضاء وقت الفراغ (لمنع الانتكاسة).

الهـدف (1)

- التعامل مع الأعمال غير المنتهية.

الإجـراءات:

- يرحب المرشد بالأعضاء ويسألهم حول استفساراتهم وردود أفعالهم المتعلقة بالجلسة السابقة وهل هناك مواضيع طرحت في اللقاء السابق ويريد الأعضاء أن يكملوا مناقشتها.
- يسأل الطلبة عن أي مشاعر وأفكار وانفعالات متعلقة بالجلسة الماضية.

الزمن (10) دقائق

الهـدف (2)

- متابعة الواجب البيتي.

الإجـراءات:

- في بداية هذه الجلسة يسأل المرشد الأعضاء عن الواجب البيتي وتتم مناقشته في هذا الجزء من الجلسة.

الزمن (5) دقائق

الهـدف (3)

- التعرف على مهارات قضاء وقت الفراغ.

الإجراءات

- يقدم المرشد "سنقوم اليوم بالتعرف على مهارة جديدة يحتاجها كل شخص في الحياة وهي مهارة قضاء وقت الفراغ، وفي وقت الفراغ يشعر الفرد بالملل، فكل شخص منا بغض النظر عن العمر تكون لديه دائما أوقات فراغ، فإذا لم يجد الشخص شيء مفيد يقضي فيه هذا الوقت فانه يلجأ إلى أي سلوك ليخرجه من هذا الملل الذي يعيش فيه، وفي بعض الأحيان يلجأ الشخص إلى المخدر ".

- يقول المرشد إن على الأفراد أن يقضوا أوقات فراغهم في أشياء تعود عليهم وعلى من حولهم بالفائدة والمنفعة.

- يبين المرشد أن هناك أشياء كثيرة يمكن أن يفعلها الأفراد في أوقات فراغهم مثل ممارسة الأنشطة الرياضية، زيارة الأصدقاء، مطالعة الكتب والمجلات، مشاهدة التلفاز .

- يطلب المرشد من كل عضو من الأعضاء أن يذكر الطرق التي يقضي بها أوقات الفراغ.

- يدور نقاش موسع بين الأعضاء حول وقت الفراغ وما هي الأعمال التي يلجأون إليها في أوقات فراغهم.

الزمن (30) دقيقة

الهدف (4)

- التدريب على الأنشطة التي تمارس في أوقات الفراغ.

النتيجة المتوقعة لهذا الهدف

- تزويد الأعضاء بعدد من النشاطات والممارسات التي يمكن أن يستغلوها في أوقات الفراغ.

الإجراءات

- يوزع المرشد ورقة فارغة وقلم على الأعضاء.

- يطلب المرشد من الأعضاء أن ينقسموا إلى مجموعات ثنائية كل مجموعة تحتوي العضو (أ) والعضو (ب).

- يطلب المرشد من كل عضو أن يتخيل أن لديه ساعة كاملة من وقت الفراغ، وعلى كل عضو أن يكتب في الورقة بماذا يفكر، ما المشاعر التي يمكن أن يشعر بها في أوقات الفراغ، ما هي الأنشطة التي يمكن أن يمارسها في هذا الوقت.

- يطلب المرشد من الأعضاء (أ) أن يعرضو ما كتبوه على الأعضاء (ب) في نفس المجموعة.

- يطلب المرشد من الأعضاء القيام بعكس الأدوار بحيث يعرض الأعضاء (ب) ما كتبوه في نفس المجموعة الفرعية.

- يطلب المرشد من الأعضاء بأن يقدم كل عضو من أعضاء المجموعات الفرعية الأفكار والمشاعر والنشاطات التي يمارسها زميله كما عرضها عليه ويعرضها أمام المجموعة كلها.

- يسأل المرشد هل هنالك نشاطات أخرى غير التي عرضت يمكن أن يستغلها الفرد في أوقات الفراغ، ويتم كتابتها على السبورة.

- يسأل المرشد أي النشاطات تعتبر إيجابية وأيها يعتبر سلبي، ويتم تقسيمها إلى نشاطات إيجابية ونشاطات سلبية.

- تكتب هذه النشاطات على السبورة، ويكتب مقابلها إيجابيات وسلبيات كل نشاط أو ممارسة.

المواد المستخدمة

- ورقة فارغة، قلم، السبورة

الزمن (30) دقيقة

الهـدف (5)

- تكليف الأعضاء بالواجب البيتي.

الإجـراءات:

- يطلب المرشد من الأعضاء أن يطبقوا ما تعلموه في جلسة اليوم وان يكتب كل عضو منهم ثلاثة أشياء مارسها في أوقات فراغه ويحضرها مكتوبة في الجلسة القادمة.

الزمن (5) دقائق

الهـدف (6) التلخيص والإنهـــــاء.

الإجـراءات:

- يلخص المرشد الجلسة ويطلب من بعض الأعضاء تلخيص ما دار في الجلسة.

- يشكر المرشد الأعضاء على تعاونهم وثقتهم ببعضهم البعض ويسألهم حول ردود أفعالهم ومشاعرهم وأفكارهم وحول جلسة اليوم.

- يذكر الأعضاء بأنه بقي جلستين فقط لإنهاء عمل المجموعة.

الزمن (10) دقائق

الجلسـة الحادية عشر

أهداف الجلسة

- التعامل مع الأعمال غير المنتهية.

- متابعة ومناقشة الواجب البيتي.

- التدريب على مهارات البحث عن عمل (وظيفة).

- نظرة شاملة على مفهوم الذات الكلي.

الهـدف (1)

التعامل مع الأعمال غير المنتهية.

الإجـراءات:

- يطلب من الأعضاء التعبير عن مشاعرهم وردود أفعالهم وأفكارهم وتعليقاتهم على الجلسة الماضية.
- يسال الأعضاء إذا ما كان هناك قضايا يودون الحديث عنها.

الزمن (10) دقائق

الهـدف (2)

- متابعة الواجب البيتي.

الإجـراءات:

- يخصص الجزء الأول من هذه الجلسة لمتابعة ومناقشة الواجب البيتي المعطى.
- يجب أن يعطي كل عضو مثال على ممارسة أو نشاط قام به للقضاء على وقت الفراغ.
- يدور نقاش حول هذه الممارسات والانشطة التي تمارس في أوقات الفراغ.

الزمن (5) دقائق

الهـدف (3)

- ان يقوم الأعضاء بالتعرف على طرق وأساليب البحث عن عمل

النتيجة المتوقعة لهذا الهدف

- أن يتعرف الأعضاء على طرق ووسائل البحث عن عمل.
- أن يكون الأعضاء اتجاه إيجابي نحو العمل.

الإجراءات

- يقدم المرشد نبذة عن أهمية العمل في حياة الإنسان بقوله: " الوظيفة أو المهنة مهمة جداً في حياة أي شخص في الوجود ففيها يقضي معظم وقته وهذا يقلل من وقت الفراغ لديه، ومنها يكسب عيشه، وهي التي تحدد مستواه الاجتماعي، كما أن المهنة أو الوظيفة هي التي تحدد الأشخاص الذين ستتعامل معهم، وبالتالي هي التي تحدد نوع الصداقات التي يكونها الفرد في حياته، وتحدد البيئة التي يعيش فيها الفرد أيضا، وتجعل الفرد يحس بقيمته الشخصية من خلال المهنة، وعلى كل فرد منا أن يبحث عن وظيفة تؤمن له مستقبله بعد الخروج من هنا.

تمـرين البحث عن فرصة عمل

الهدف من التمـرين

- أن يقوم الأعضاء بالتعرف على الطرق والوسائل التي يمكن من خلالها الحصول على فرصة عمل.

إجراءات التمرين

- يوزع المرشد على الأعضاء ورقة فارغة وقلم.

- يطلب المرشد من الأعضاء أن ينقسموا على شكل مجموعات زوجية.

- يطلب المرشد من الأعضاء أن يكتب كل عضو منهم ماهي الوسيلة أو الطريقة التي حصل من خلالها على وظيفته الأولى.

- يطلب المرشد من كل مجموعة فردية أن يتناقشا حول الطريقة أو الوسيلة التي كتباها مع بعضهم البعض.

- يطلب المرشد من الأعضاء أن يتحدث كل عضو أمام المجموعة كلها عن الطريقة أو الأسلوب الذي حصل من خلاله على فرصة عمل.

- يطلب المرشد من الأعضاء أن يذكروا كل الوسائل والطرق التي يمكن من خلالها الحصول على وظيفة أو مهنة.

- يتم كتابة جميع الطرق والوسائل على السبورة.

المـواد المستخدمة:

- ورقة فارغة، قلم، السبورة.

الزمن (30) دقيقة

الهـدف (4)

- أن يتعرف الأعضاء على مفهوم الذات الكلي.

النتيجة المتوقعة لهذا الهدف:

- أن يتكون لدى الأعضاء نظرة شمولية متكاملة لمفهوم الذات بحيث لا يفصل كل مفهوم ذات على حده، ولكن يتعامل معها بطريقة منسجمة دون أن تشكل له أي إزعاج.

- يتعرف الأعضاء على انه لا يوجد هناك تعارض بين ابعاد الذات المختلفة، ولكنها كالجسد

فاليد تعمل والقلب والحواس كلها تعمل على حده ولكن في النهاية الجسم يعمل كوحدة واحدة.

- أن يكون الأعضاء مفهوم إيجابي عن الذات.

الإجراءات:

تمرين مفهوم الذات الشمولي.

الهدف من التمرين:

- أن ينظر العضو إلى مفهومه لذاته نظرة شاملة.

الإجراءات:

- يوزع المرشد على الأعضاء ورقة فارغة وقلم.

- يعطي المرشد الأعضاء موقف اجتماعي ويطلب ردود أفعالهم حوله.

- مثال موقف: تقابلت أنت وزميل سابق لك في مصعد وهذا الزميل حدث في وقت سابق خلاف بينك وبينه وأنت الآن لا تحادثه أي متخاصمان.

- يقول المرشد للأعضاء تخيل هذا الموقف واكتب ردود فعلك حوله.

- ماذا تقول عندما يحدث مثل هذا الموقف	(ذات معرفية).
- بماذا ستفكر عندما يحدث مثل هذا الموقف	(ذات معرفية).
- بماذا ستشعر عندما يحدث مثل هذا الموقف	(ذات نفسية).
- ماذا تتوقع انه سيقول عنك	(ذات اجتماعية).
- ماذا ترغب لو أن تكون (خصائص)	(ذات مثالية).

في التمرين السابق يحاول المرشد أن يدفع الأعضاء إلى التفكير ومناقشة الأمور بطريقة شمولية بحيث يتصرف الفرد بـ ويتعرف على كل أنواع الذات لديه.

المواد المستخدمة:

- ورقة المثال، ورقة فارغة، قلم.

الزمن (30) دقيقة

الهـدف (5)

- تكليف الأعضاء بالواجب البيتي.

الإجـراءات:

- أن يختار كل عضو من الأعضاء موقف معين يحدث معه خلال الأسبوع القادم ويكتب كيف تصرف خلال هذا الموقف بحيث يكتب الأمور التالية.

- ماذا قلت لنفسك أثناء الموقف.
- بماذا فكرت أثناء الموقف.
- بماذا شعرت أثناء الموقف.
- ماذا أحببت لو تكون (الطريقة التي أحببت أن تتصرف من خلالها).
- ماذا تعتقد أن يقول الآخرين عنك.

الزمن (10) دقائق

الهـدف (5) التلخيص والإنهـــاء

الإجـراءات:

- يشكر المرشد الأعضاء على تعاونهم وثقتهم ببعضهم البعض ويسألهم حول ردود أفعالهم ومشاعرهم وأفكارهم حول جلسة اليوم.
- يطلب من بعض الأعضاء تلخيص ما دار في الجلسة.
- يذكر الأعضاء بأنه بقي جلسة واحدة فقط لإنهاء عمل المجموعة أي ان الجلسة القادمة هي الجلسة الأخيرة في البرنامج .

دقائق5الزمن

الجلسـة الثانية عشر

أهداف الجلسة

- التعامل مع الأعمال غير المنتهية من الجلسة السابقة، ومن البرنامج بشكل عام.
- مناقشة الواجب البيتي.
- تقبل الذات وتقبل الآخرين.
- إنهـاء العمل والتقييم.

الهـدف (1)

- التعامل مع الأعمال غير المنتهية من اللقاء السابق ومن البرنامج بشكل عام.

الإجـراءات:

- في هذه الجلسة يشكر المرشد جميع الأعضاء على حضورهم وتعاونهم في جلسات العمل الجماعي.
- يسأل المرشد الأعضاء عن أي استفسارات وردود أفعال حول الجلسة السابقة.
- يطلب من الأعضاء أن يعبروا عن مشاعرهم وردود أفعالهم حول البرنامج بشكل عام.

الزمن (15) دقيقة

الهـدف (2)

- مناقشة الواجب البيتي.

الإجـراءات:

- يطلب من الأعضاء أن يعرض كل عضو الموقف الذي كتبه وكيف تصرف أثناء الموقف وبماذا شعر وبماذا فكر .
- تدور مناقشة حول هذه المواقف التي يعرضها الأعضاء.

الزمن (5) دقائق

الهـدف (3)

- أن يتقبل العضو ذاته ويتقبل الآخرين.

النتائج المتوقعة لهذا الهدف:

- أن يتقبل الفرد ذاته ويثق بنفسه ويتصرف بطريقة إيجابية.

- أن يتقبل الفرد الآخرين ويتقبل نقاط اختلافهم عنه.

الإجـراءات:

- يقول المرشد "كل واحد فينا يرغب ويحب أن يكون افضل إنسان في هذه الدنيا، ويحب ان يتصف بالكمال، ولكن هذا المطلب مستحيل التحقيق، فكما عندك عيوب ونواقص

فالآخرين أيضا لديهم عيوب ونواقص، إذا فانه لا يوجد إنسان كامل، وعلينا أن نتقبل أنفسنا ونتقبل الآخرين بتوافقهم معنا أو باختلافهم عنا".

من المهم العمل على الأشياء والخصائص التي أستطيع أن أغيرها أو أطورها للأفضل فاعمل عليها وأحاول تطويرها إلى الحد الذي أستطيع، أما الخصائص التي لا يمكن السيطرة عليها أو التي لا يمكن تغييرها فعلينا تقبلها كما هي والعيش معها دون حرج أو عدم رضى.

الزمن (15) دقيقة

الهدف (4)

التقييم والإنهاء

الإجراءات:

- يطلب المرشد من بعض الأعضاء أن يلخص ما دار في جلسة اليوم.

- يطلب المرشد من بعض الأعضاء أن يلخص ما دار في البرنامج بشكل عام.

- يطلب المرشد من كل عضو من الأعضاء أن يقيم خبرته في المجموعة ما الأشياء التي حصل عليها ويعتقد أنها غيرت من سلوكاته خارج المجموعة.

- يشكر الأعضاء على تعاونهم والتزامهم بالجلسات الإرشادية.

- يطلب من الأعضاء بان يقول كل عضو جملة يصف بها أداء المجموعة.

- يطلب من الأعضاء أن يعمموا ما تعلموه في المجموعة على حياتهم الواقعية.

- يطلب المرشد من كل عضو من الأعضاء ان يعرض وجهة نظره في البرنامج بشكل عام.

الزمن غير محدد وحسب الحاجة

المراجع

المراجع العربية

- ابو حجلة، نظام(1998) الطب النفسي الحديث، دار زهران، عمان.
- أنشاصي، نزار توفيق (2001) المخدرات أسبابها- انتشارها - الوقاية منها الطبعة الاولى، دار الفكر للنشر والتوزيع ، عمان.
- البار، محمد علي (2001) مشكلة المسكرات والمخدرات - نظرة الى الجذورواستشراف للحلول، الطبعة الاولى، دار القلم للنشر.
- بوكستين، اوسكار جاري (2000) إدمان المراهقين التقييم والوقاية والعلاج ترجمة خالد إبراهيم وابتسام حامد ، دار الحضارة للطباعة والنشر والتوزيع، مصر .
- الحديدي ، سيد (2001) المخدرات والمسكرات والصحة العامة،الكويت: المركز العربي للوثائق والمطبوعات الصحية.
- الزراد ، فيصل و أبو مغيصيب ، عابد (2001) الإدمان على الكحول والمخدرات والمؤثرات العقلية (التشخيص والعلاج)، الطبعة الأولى ، بيروت: اليمامة للطباعة والنشر والتوزيع، دمشق .
- السعد ، صالح (1997) المخدرات أضرارها وأسباب انتشارها ، شركة مطابع الأرز، عمان، الأردن .
- سويف ، مصطفى (1996) المخدرات والمجتمع نظرة تكاملية ، المجلس الوطني للثقافة والفنون والآداب ، الكويت .
- الشرقاوي، أنور محمد (1991) الابعاد النفسية والاجتماعية والتربوية لمشكلة الادمان لدى الشباب، مصر المركز القومي للبحوث التربوية والتنمية.
- الشناوي، محمد (1994) نظريات الارشاد والعلاج النفسي، دار غريب للطباعة والنشر والتوزيع، القاهرة.
- عياد، فاطمة سلامة والمشعان، عويد سلطان (2003) تقدير الذات والقلق والاكتئاب لدى ذوي التعاطي المتعدد، مجلة العلوم الاجتماعية- مجلد 31 العدد 3 جامعة الكويت .
- غباري ، محمد سلامة (1999) الإدمان أسبابه ونتائجه وعلاجه ذ دراسة ميدانية ذ الازاريطة ، الإسكندرية ، المكتب الجامعي الحديث .

- فني ، احمد أمين (2001) مفهوم الذات لدى طلبة المرحلة الثانوية في محافظة طولكرم وعلاقته بالممارسات التربوية للمعلمين من وجهة نظر الطلبة ، رسالة ماجستير غير منشورة ، جامعة النجاح ،القدس.

- فهيم، شريف و لوزا ، ناصر(1990) الطريق للعلاج من الإدمان ، القاهرة.

- محمد، عبد الصبور منصور (2001) مدى فاعلية الإرشاد النفسي في علاج الإدمان ، مجلة كلية التربية بالمنصورة ، العدد 45 ، جامعة المنصورة .

- مديرية الأمن العام إدارة مكافحة المخدرات (2003) ، عمان .

- موسى، فاروق (1985) اسس السلوك الانساني: مدخل الى عالم النفس العام، دار عالم الكتب للنشر والتوزيع، الرياض.

المراجـع الأجنبية

-Adler, Ronald B & Rodman, George (2000) understanding Human communication, Harcourt college publishers, seventh edition.

-Aikaterini, Gari & Anastasai, Kalants-Azizi (1998) the influence of traditional values of education on Greek students real and ideal self-concepts, Journal of social psychology, Vol. 138 Issue 1, P5.

-Alan, C. Ogborne (2000) Identifying and treating patients with alcohol-related problems, Canadian Medical Association Journal, Vol. 162 Issue 12, p1705.

-American Psychiatric Association (1994) Diagnostic and Statistical Manual of Mental Disorder (4th-ed) (DSM-IV) Washington DC.

-Amy, M. Gans & Maureene, Kenny & Dave, Ghany (2003) Comparing the self-concept of students with and without learning disabilities, Journal of learning disabilities, Vol. 36 Issue 3, P287.

-Analee, A. Beisecker (1991) Interpersonal Communication Strategies to Prevent drug Abuse by Health Professionals and the Elderly: Contributions of the Health Belief Model , Health Communication, Vol. 3 Issue 4, p241.

-Beatrice, R. Plasse (2000) Components of Engagement: women in a psyched cational parenting skills Group in substance Abuse, social work with group, Vol. 22 Issue 4, P33.

-Bellack, Alan S & Hersen, Michel & Kazdin, Alan E (1990) Behavior Modification and Therapy, Plenum press, New york.

-Blagen, Mark Thomas (2002) A naturalistic investigation into the processes and themes of recovery from chemical dependency , Diss. Abst. Int. Old Dominion University.

B-racken, Bruce A (1996) Handbook of self-concept Development, Social and Clinical Considerations, John wiley & sons. INC.

-Brad, R. Karoll & John, Poerther (2002) Judges caseworkers and substance Abuse counselors Indicators of family Reunification with substance Affected parents, Child welfare, Vol. 81 Issue 2, P249.

-Brooks, Robin Justina (2002) The effects of racial/ethnic identity, parenting practices, and impulse control on drug use, problem behaviors, self-concept, and depression in African-American adolescents, Diss. Abst. Int. Georgia State University.

-Cardone, Tera E (2003) The effectiveness of a modified therapeutic community model in treating dual-diagnosed patients in an outpatient day treatment setting, Diss. Abst. Int .Alliant International University.

-Carl, D. Sneed (2002) Correlates and Implications for agreeableness in Children, Journal of psychology, Vol. 136 Issue 1, P59.

-Carl, G. Leukefeld & Ted, Godlaski & James, Clark & Cynthia, Brown &   Lon , Hays (2002) Structured Stories: Reinforcing Social Skills in Rural Substance Abuse Treatment, Health & Social Work , Vol.27 issue   3, P213 .

-Corey, Gerald (1996) groups: Process practice, Brooks/ Cole publishing Company, California.

-Cynthia, Feaster (1996) The relationship between parental chemical abuse and children's behavior disorders, Preventing School Failure , Vol. 40 Issue 4, p155.

- David, Whittinghill & Rudenga, Whittinghill & Larry C, Loesch (2000) The Benefits of Self-Efficacy Approach to Substance Abuse Counseling in Era of Managed Care , Journal of Addiction & Offender Counseling , Vol.20 Issue 2 , p4 .

-Davies, Teifion & Craig TKJ (1998) ABC of mental health, BMJ books.

-Debra M, Kamps & Cynthia , Ellis (1995) Peer-inclusive social skills groups for young children with behavioral risks, Preventing School Failure , Vol. 39 Issue 4, p10 .

-Debra, M. Kamps & Cynthia, Ellis (1995) Peer-inclusive social skills groups for young children with behavioral risks, Preventing School Failure,   Vol. 39 issue , 4 , P10 .

-Debra, S. Schroder& Molly T ,Laflin (1993) Is Their Relationship Between Self-esteem and Drug Use? Methodological   and Statistical Limitations of The Research, Journal of Drug Issues, Vol.23 Issue 4, p645.

-Donna,   B. Towberman & Michael , McDonald (1993) Dimensions of adolescent self-concept associated with substance use , Journal of Drug Issues , Vol . 23 Issue 3, p 525 .

-Douglas, N. Tylor & Jose , Del Pilar (1992) Self-esteem, anxiety, and drug use ., Psychological Reports , Vol.71 Issue 3 , p896.

-Eric, D. Wish & Kenneth R, Petronis & George S, Yacoubian (2002) Cads: Two short screeners for Cocaine and Heroin Dependence Among Arrestees, Journal of drug issues, Vol.32 Issue 3, P907.

-Eva-Britt, Malmgren-Olsson (2001) Physical and Psychological health and social relations in-patients with prolonged musculoskeletal disorders, Scandinavian, Journal of caring sciences, Vol. 15 Issue 2, P181.

-Frank, Gresham(1995) student self-concept scale: Description and relevance to students with emotional and behavioral, Journal of emotional & behavioral Disorders ,Vol.3 Issue 1, P19.

-Gossop, M. Grant M (1990) Preventing and controlling drug abuse, World health organization, Geneva.

-Grant, Marcus & Hodgson , Ray (1991) Responding to drug and Alcohol Problems in the community, World health organization, Geneva.

-Granvold, Donald K (1994) cognitive and behavioral Treatment Methods and Applications, Cole publishing company.

-Green, Lesley Lynnette (2002) Archetypes of spiritual awakening: The 12-step journey of redemption, Diss. Abst. Int. Columbia University Teachers College.

-Greene, Biedema j & wilens, Faraone S & Bleir, Mick E (1999) further validation of social impairment as predicator of substance use disorder, clinical psychology.

-Herbert, Williams & Charles D, Ayers (1999) Racial differences in risk factors for delinquency and substance use among adolescents , Social Work Research, Vol. 23 Issue 4, p241.

-Hermano,Tavares & Monica L , Zilberman & Nady , el-Guebaly (2003) Are Their Cognitive and Behavioral Approaches Specific to the Treatment of Pathological Gambling, Canadian Journal of Psychiatry , Vol. 48 Issue 1, p22 .

-Howard, j. Shaffer , (1999) Strange bedfellows: a critical view of pathological gambling and addiction , Journal of Addiction , Vol. 94 Issue 10, p1445.

-Jeffrey, S. Kress & Maurice J, Elias (1993) Substance abuse prevention in special education populations: Review and recommendations, Journal of Special Education , Vol. 27 Issue 1, p35.

-Jelley, Harvey Henry (2002) The effects of Childhood Trauma on Drug and Alcohol Abuse in College Students, Diss. Abst. Int. Fordham University.

-Jennifer, J. Clark & David N, Dixon (1997) The impact of social skills

training on the self-concepts of gifted high school students , Journal of Secondary Education , Vol. 8 Issue 4, p179 .

-John, W. Payton & Dona M, Wardlaw & Patricia A, Craczy A & Michelle R, Bloodworth & Carolyn J, Tompsett & Roger P, Weissberg (2000) Social and Emotional Learning: A Framework for Promoting Mental Health and Reducing Risk Behavior in Children and Youth, Journal of School Health , Vol. 70 Issue 5, p179.

-Jonathan, G. Tubman & Marilyn J, Montgomery &Eric E, Wagner (2001) letter writing as a tool to increase client motivation to change: Application to an inpatient crisis unit, journal of mental health counseling, Vol. 23 Issue 4, P295.

-Kaklamanos, Keely Waters (2002) An evaluation of an adolescent treatment program for alcohol and drug use, Diss. Abst. Int.The Florida State University.

-Karen, E. Ablard (1997) self-perceptions and needs as a function of type of academic ability and gander, Roeper review, Vol.20 Issue 2,P110.

-Karen, Dodge & Miriam, Potocky-Tripodi (2001) The Effectiveness of Three Inpatient Intervention Strategies for Chemically Dependent Women, Research on Social Work Practice, Vol. 11 Issue 1, p24.

-Kenneth, J. Cruber & Thomas W,Fleetwood & Michael W,Herring (2001) In-home Continuing Care Services for Substance ïAffected Families : The Bridge Program, Social Work , Vol.46 Issue 3 , p267 .

-Kenneth, W. Merrell (2001) Assessment of children's social skills: Recent developments, Beast practices, and new directions, Exceptionality, Vol. 9 Issue 1, P3.

-Kenneth, W. Merrell (1993) Using behavior rating scales to assess social skills and antisocial behavior in school settings, School Psychology Review, Vol.22 issue 1, P115.

-Kimberly, A. Gordan rouse & susane, cashine(2000) assessment of academic self-concept and motivation: results from three ethnic groups,

measurement & Evaluation in counseling & Development, Vol.33 , Issue2, P91.

-Kimberly A, Horn & Jerome R, Kolbo   (2000) Using The Cumulative Strategies
Model for Drug Abuse Prevention: A Small Group Analysis of The CHOICES
Program. American Journal of Health Studies, Vol. 16 Issue 1, P7.

-Kinnier, Richard T & Metha, Arlene T & Okey, Jeffrey L (1994) Adolescent Substance
Abuse and Psychological Health, Journal of Alcohol &Drug Educaton. Vol.40 Issue 1 P
51.

-Lawrence, A. Palinkas & Catherine J, Atkins(1997) Social skills training ineffective for
prevention in High   ȘRisk Teens ,DATA The Brown University Digest of Addiction
Theory &Application. Vol. 16 Issue 4, P7 .

-Lee, Pamela Diana (2002) Monitoring addiction severity, readiness to change,
self-efficacy, racism, and recovery in African American males Diss. Abst. Int. Loyola
University of Chicago.

-Leinua, Van schoick-Edstorm & Karin S, Frey & Kathy , Beland (2002) Changing
Adolescents' Attitudes About Relational and Physical Aggression: An Early Evaluation
of a School-Based Intervention, School Psychology Review ,   Vol. 31 Issue 2, p201.

-Leukefeld, Garl G & Bukoski, william J (1991) Drug abuse prevention intervention
research: Methodological issues, Government printing office, Washington.

-Levin, Jerome David (2001) therapeutic Strategies for treating Addiction from slavery
to freedom, Jason Aronson INC, London.

-Linda, Dusenbury & Mathea , Falco (1996) Keys to drug-abuse prevention, Education
Digest ,   Vol.61 Issue 9 , p36.

-Maistro, Stephen & Galizio, Mark & Connors, Gerard (1999) drug use and abuse,
Harcourt Brace college publishers, United State of America.

-Manz & Particia H (1999) the parent version of the preschool social skills rating scale: An analysis of its use with low income, Ethnic minority children school psychology Review, Vol. 28 Issue 3, P943.

-Mary, Rotheram-Borus & Barbara , Bickford & Norweeta G, Milburn (2001) Implementing a Classroom-Based Social Skills Training Program in Middle Childhood , Journal of Education & Psychological Consultation , Vol. 12 Issue 2, p91.

-McCollum, Eric E & Trepper, Terry S (2001) Family solutions for substance Abuse clinical and counseling Approaches, Haworth clinical practice press, Newyork.

-Merith, Cosden (2001) Risk and Resilience for Substance Abuse Among Adolescents and Adults with LD , Journal of Learning Disabilities , Vol. 34 Issue 4, p352, 7p .

-Meyers, Robert J & Miller, wiiliam R (2001) A community Rein for cement Approach to Addiction Treatment, Gambridge University press.

-Naimah, Z. Weinberg (2001) Risk Factors for Adolescent Substance Abuse, Journal of Learning Disabilities, Vol. 34 Issue 4, p343.

-Patricia, A. Markos & Steven , Grierson (1998) A case study of a private correctional substance abuse treatment program , Guidance & Counseling , Vol. 13 Issue 3, p40.

-Paul, C. Burnett,(1998) Measuring behavioral indicators of self-esteem in class room, Journal Humanistic Education & Development, Vol.37 Issue 2, P107.

-Peters, Ray Dev &McMahon, Robert J (1996) Preventing Childhood Disorders, Substance, Abuse and Delinquency, sage publications, INC. London.

-Rasmussen, Sandra (2000) Addiction Treatment Theory and practice, sage publications, INC.

-Reber, Arthur S. (1995) Dictonary of Psychology, Second Edition, Pengin Book, England.

-Richard, J. Bonnie (2001) Addiction and Responsibility, Social Research, Vol.68 Issue 3 , p813 .

-Rienhard, Stelter(2000) the transformation of body experience into language, Journal phenomenological psychology, Vol.31 Issue 1,P63.

-Robert, F. Ferdinand (2001) psychopathology in adolescence predicts substance use in young adulthood, Addiction, Vol. 96 Issue 6, P861.

-Robert, F. Schilling & Nabila , El-Bassel (1995) Skills-training groups to reduce HIV transmission and drug use among methadone patients , Social Work , Vol. 40 Issue 1, p91.

-Robert, Granfield & William, Cloud (1996) The elephant that no one sees: Natural recovery among middle-class addicts, Journal of Drug Issues , Vol. 26 issue1 , P45.

-Robertson, Roy (1998) management of Drug users in the community A practical Handbooks, Oxford University press INC, New York.

-Ronald, L., Simons & Joan F, Robertson (1989) The Impact of Parenting Factors, Deviant Peers, and Coping Style Upon Adolescent Drug Use , Family Relation, Vol. 38 Issue 3, p273.

-Ron-avi, Astor & William J, Behre (1998) School social workers and school violence: Personal safety, training, and violence programs, Social work, Vol. 43 Issue 3, p223.

-Scott, T. Meier (2000) Treatment Sensitivity of the PE Form of the Social Skills Rating Scales: Implications for Test Construction Procedures, Measurement & Evaluation in counseling & Development, Vol. 33 Issue 3, p144.

-Segal, Bernard (1988) Drugs and Behavior cause Effects, and Treatment Gardner press, INC. New York & London.

-Stam, Marjorie K (2002) Posttraumatic stress disorder and substance abuse: Perspectives of women in recovery, Diss. Abst. Int. Massachusetts School of Professional Psychology .

-Stephen, N. Elliott (2001) New Directions in Social Skills Assessment and Intervention for Elementary and Middle School Students, Exceptionality, Vol. 9 Issue 1, p19 .

-Steven, Evans & Jennifer L, Axelrod & Jennifer K, Sapia (2000) Effective School-Based Mental Health Interventions: Advancing the Social Skills Training Paradigm , Journal of School Health , Vol. 70 Issue 5, p191.

-William, R. Miller & Paul L , Wilbourne (2002) Mesa Grande : A methodological Analysis of Clinical Trials f Treatments for Alcohol Disorders , Addiction , Vol. . 97 Issue 3 , p265 .

-Williams, R. J & Ricciardelli L, A (1996) Expectancies relate to symptoms of alcohol dependence in young adults, Addiction, Vol. 91 Issue 7, P1031.